CALCIO MON AMOUR

Alessandra Bianchi

CALCIO MON AMOUR

FLORENT MASSOT

ISBN : 978-2-916-54615-5

Merci à Luc Marceleon Delasnerie,
précieux passeur.

Prologue

Le soleil brûlait. Le ciel était d'un bleu parfait, sans même l'ombre d'un nuage. Andrea regarda autour d'elle : l'église était pleine, ce qui était surprenant pour un dimanche de juillet. En été, les enterrements avaient peu de succès. On leur préférait les vacances.

Mais le plus surprenant était la quantité de femmes présentes. Elles étaient de tous âges, des grandes, des petites, des maigres, des épanouies, des belles, des moins belles, des maquillées, des pâles, des bronzées. Tandis qu'elles sortaient de l'église en procession derrière le cercueil, toutes affichaient le même air triste et douloureux, mais Andrea pouvait y déceler les douces nuances de la nostalgie. Chacune semblait chercher à savoir qui pouvait être l'autre en s'étudiant à la dérobée.

Aux côtés d'Andrea il y avait Roberta, sa mère, et Clara, sa tante. Elles aussi avaient le même regard, Andrea avait l'impression que chacune d'elles poursuivait les mêmes pensées. Et c'était certainement le cas.

La petite foule se dispersa sur le parvis de l'église de Torvajanica. C'était étrange de voir se croiser les Romains qui allaient à la mer en tenue estivale, certains en maillot de bain, beaucoup torse nu, et toutes ces femmes en deuil retournant d'un pas égal à la source de leurs souvenirs.

Le défunt allait être enterré dans le grand cimetière romain de Prima Porta, de l'autre côté de la ville. On chargea le cercueil dans le corbillard. Il démarra et s'éloigna.

– Quelle mort absurde ! marmonna Clara.

– C'est vrai. Tomber d'un toit pour essayer de sauver son chat…

–Vraiment absurde, oui, confirma Andrea, encore incrédule.

– Mourir pour un chat. Être insouciant du mal qu'il faisait à ceux qui l'aimaient et mourir pour un chat, ajouta Roberta.

– À cinquante-deux ans, commenta, émue, Clara.

– Je ne savais pas qu'il habitait ici, à quelques kilomètres de Rome.

– Il travaillait même là. Il n'a jamais cessé de faire son métier. C'est Rosanna qui me l'a dit, la jeune femme qui nous a envoyé le télégramme. Il avait laissé des dispositions pour que, s'il lui arrivait quelque chose, nous soyons prévenues.

– Mais au moins le chat a été sauvé ? demanda Clara.

– Oui, le chat oui.

– Qu'est-ce qu'on fait ?

Les deux sœurs se tournèrent vers Andrea.

– On va à la mer.

Face au regard surpris de Clara et Roberta, elle précisa :

– J'ai envie de voir la mer.

Il suffisait de traverser la route pour y arriver. Elles s'étaient arrêtées au feu rouge, toutes les trois. Tandis qu'elles attendaient le passage au vert, une file de voitures arriva en faisant joyeusement carillonner leurs klaxons.

– Il y a encore un match aujourd'hui ?

Roberta et Clara regardèrent Andrea, attendant qu'elle éclaire.

– Mais non, il n'y a pas de match. Vous ne voyez pas que c'est un mariage ?

Andrea retrouva le sourire. Le petit cortège avait stoppé au feu devant les trois femmes. Les mariés, en tête, envoyaient des baisers à la volée depuis une voiture décapotable, une vieille Alfa Romeo rouge feu.

Andrea les salua tandis qu'elle traversait, encadrée par sa mère et sa tante.

C'était difficile de trouver un espace libre sur la plage. Elles étaient les seules à être habillées, par cette chaleur infernale. Elles ôtèrent leurs sandales et elles s'assirent sur le rivage. Durant un moment aucune des trois ne parla. Ce fut Roberta qui rompit le silence.

– C'est étrange, commenta-t-elle, en s'allumant une cigarette.

– Quoi ?

Andrea mit ses pieds dans l'eau. C'était un véritable délice de se baigner un peu.

– Les klaxons, les voitures. C'est vraiment comme quand tu es née.

Rome, 30 mars 1975

La voiture avançait au ralenti. À vrai dire la chose la plus préoccupante était qu'elle ne bougeait plus du tout.

Clara avait beau s'arc-bouter sur son klaxon, sa petite Fiat 500 beige ne progressait pas d'un pouce.

Clara se rendit vite à l'évidence : la *Cucaracha* jouée par l'avertisseur n'était pas de taille à lutter contre la cacophonie de cornes de brume, sirènes et autres trompes qui se déchaînait. Elle se résolut à passer la tête par la portière et à invectiver d'une voix haute perchée la foule bariolée qui l'entourait.

– *Fateci passare !!!* Laissez-nous passer !!! Poussez-vous !!!

Épuisée par l'inutilité de tant de dépenses d'énergie elle rentra dans sa 500 comme un bernard-l'ermite dans sa coquille. La comparaison s'arrêtait là, elle n'était pas seule.

– Mais où vont tous ces gens, Clara ? réussit à demander Roberta dans un filet de voix.

Roberta Margheri, la sœur de Clara, paraissait exténuée. Les contractions se faisaient de plus en plus fréquentes et elle avait beau se tourner dans tous les sens, elle n'arrivait pas à trouver une position à peu près confortable dans l'habitacle le plus étroit du monde automobile.

Elle avait l'impression que la petite voiture allait être engloutie par la marée humaine qui s'écoulait de chaque côté. Les yeux mi-clos, à moitié étourdie par les douleurs de l'accouchement imminent, elle entrevoyait en contre-plongée un défilé ininterrompu d'écharpes, drapeaux et bonnets de couleurs jaune et rouge passant sous le ciel bleu de cet après-midi de mars.

– Ils vont au stade, Roberta. Il doit y avoir un match… La petite aurait pu choisir un autre moment pour mettre le nez dehors. Quelle idée, vouloir naître un dimanche à 13 heures ! conclut Clara avec un sourire, histoire de dédramatiser.

Les deux sœurs avaient décidé d'aller déjeuner dans un restaurant du côté du quartier Prati, dans le nord de Rome, de l'autre côté de la ville par rapport à leurs domiciles.

Il restait encore trois semaines avant l'accouchement et Roberta se sentait bien, il n'y avait donc pas lieu de s'inquiéter.

Et au lieu de ça, le fumet des tagliatelles en ragoût peut-être, la petite s'était réveillée dans le ventre de sa mère… Elle avait décidé qu'il était temps de sortir.

Et il avait fallu renoncer au tiramisu à la myrtille et filer au plus vite à la maternité la plus proche : l'hôpital Santo Spirito au bord du Tibre, proche du stadio

Olimpico. Mais voilà, on était dimanche et le dimanche était jour de match au stadio Olimpico.

Clara ne savait pas qui jouait, si c'était la Roma ou la Lazio et elle s'en fichait complètement jusqu'à ce qu'elle laisse flotter son mouchoir blanc à liseré bleu, à l'extérieur de la Fiat pour indiquer qu'il y avait une urgence. À la réaction outragée des *tifosi* tout de jaune et rouge vêtus, chantant à tue-tête la gloire de la Roma, Clara comprit vite que le blanc ne devait pas être leur couleur favorite. Un jeune type au visage peinturluré de rouge la prévint avec force cris qu'il s'agissait de la couleur de l'ennemi historique, la Lazio. Elle reprit vite son mouchoir et jura ses grands dieux que jamais son amour de la Roma n'avait été aussi grand ! En faisant cela Clara ne se parjurait aucunement puisqu'elle était une inconditionnelle de la Roma, elle avait simplement omis de préciser qu'il s'agissait de la Ville éternelle et non de l'équipe de football. Quand les *tifosi* furent convaincus de sa bonne foi, ils furent émus à l'idée qu'une petite fille allait naître dans de bien mauvaises conditions s'ils ne faisaient pas preuve d'ingéniosité, d'efficacité et de solidarité.

C'est portées à bout de bras par une vingtaine de costauds jaunes et rouges que la Fiat 500 et ses deux occupantes, pardon… ses trois occupantes, parcoururent au-dessus de la cohue, les deux cents mètres qui les séparaient de l'entrée des urgences de l'hôpital Santo Spirito.

Comme galvanisés par cette arrivée tonitruante, les infirmiers accoururent avec un brancard et y allongèrent délicatement Roberta.

– Courage, Roberta, poussez, poussez, on y est presque, courage.

Plus la docteur Rinaldi l'exhortait et plus Roberta pensait qu'elle n'y arriverait pas. C'était sa bataille la plus ardue cette grossesse, et Mirco qui n'était pas là…

Ce n'était pas grave, elle était en train de lutter pour sa petite. Voilà, elle était en train de venir. Encore un effort.

– Buuuuuuuuuuuuuuuuuuuuuuuuuuuuuuuuuut !

La clameur à l'extérieur anticipa d'une seconde le premier cri de la nouveau-née :

– Ueeehhhhhhhhhhhhhhhhhhhhhhhhhhhhhhh !

La docteur Rinaldi constata avec satisfaction que le bébé était doté de solides poumons et qu'il savait s'en servir !

– Elle a un beau petit caractère hein ? Regardez comme elle s'agite ! s'exclama la docteur Rinaldi satisfaite, tandis que le nourrisson criait à n'en plus finir dans les bras de la maman épuisée et ravie.

– Comment s'appellera-t-elle ? s'enquit la doctoresse.

Roberta regarda le petit être, tout à ses hurlements, avec orgueil.

– Andrea. Elle s'appellera Andrea.

Deux infirmiers présents émirent l'idée que le nourrisson avait sans doute salué à sa façon « le tir de gauche en pleine lucarne » qu'avait décoché, quelques minutes plus tôt, Spadoni, le joueur de la Roma. Pour eux, Andrea était née sous le signe du ballon rond, c'était évident.

Il n'y avait que des hommes pour proférer pareilles âneries.

Papa Peter Pan

Andrea Margheri s'était vite avéré être une petite fille pleine de curiosité : elle demandait continuellement des explications sur tout.

Jamais satisfaite par les réponses qu'elle ne jugeait pas assez précises, elle ne lâchait pas son interlocuteur avant d'obtenir ce qu'elle voulait. Andrea était une enfant têtue, pour ne pas dire pugnace.

Pourquoi il y a des noyaux dans les olives et pourquoi, des fois, il n'y en a pas ? Pourquoi on ne peut pas voir la lumière à l'intérieur du frigo quand il est fermé ? Pourquoi la dame, elle a des tortellinis à la place des cheveux ? C'est vrai que la nuit tous les chats sont gris ? Pourquoi tata Clara elle n'a pas de mari ? Les étoiles, ça sert à quoi ? Pourquoi maman elle est triste quand elle fait de la pizza à l'oignon ? C'est qui mon papa à moi ?

De toutes les questions qui lui étaient posées, c'est bien sûr à celles qui avaient trait au père d'Andrea qu'il était le plus difficile de répondre.

Quand Roberta s'était aperçue qu'elle était enceinte, elle avait décidé de garder l'enfant, épaulée par sa sœur

Clara, sa seule famille depuis que leurs parents n'étaient plus. Roberta ne savait pas où était le papa d'Andrea, elle savait seulement qu'il était parti à l'étranger « précipitamment » et vraisemblablement il n'avait même pas su qu'il allait devenir père.

Mais faire comprendre tout cela à une petite fille, même si elle était éveillée et intelligente, n'était pas facile. Roberta avait décidé de reporter le problème à plus tard. Mais pour l'instant il lui fallait parer aux tirs incessants de sa fille.

Roberta avait essayé de changer de sujet, de s'en sortir par une pirouette, de noyer le poisson (expression qui faisait frémir d'horreur Andrea qui aimait beaucoup les animaux), mais il fallait qu'elle donne une réponse acceptable à sa petite fille. Elle avait bien pensé au truc imparable : il est mort. C'est vrai qu'en quelque sorte Mirco, c'était le prénom du papa, était « mort » pour elle. Mais à voir la réaction d'Andrea quand Carlo le poisson rouge avait tiré sa révérence en se retournant une bonne fois pour toutes sur le dos, Roberta se dit qu'il valait mieux éviter de déclencher un tsunami chez sa fille. Non pas qu'elle mît Mirco au-dessus de Carlo, mais elle devait reconnaître qu'au moins lui savait nager… Le salaud.

Dire à Andrea que son papa était un salaud de séducteur aurait certes été faire preuve d'objectivité. Quoique… Il y a des réalités que de petits êtres ne sont pas prêts à entendre. Et que certains adultes pris dans un ressentiment légitime avaient un peu trop vite tendance à adopter.

Roberta ne voulait en aucune manière blesser Andrea, elle concocta donc une version de l'histoire qui semblait ménager la fragilité de la fille et atténuer la rancune de la mère sans la rabaisser. Mirco, le papa d'Andrea, était un enfant lui aussi et il était parti pour les laisser jouer toutes les deux parce qu'il fallait qu'il joue avec beaucoup d'autres personnes.

C'est cette version qui devint la version officielle, celle que l'entourage était instamment prié de servir à Andrea si d'aventure celle-ci posait quelques questions relatives à son père.

Si cette fable avait l'avantage d'être poétique et joliment tournée, elle était loin de satisfaire la petite fille. Elle était source d'infinis questionnements et interrogations pour son esprit vif et curieux. Comprenant intuitivement qu'il y avait quelque chose « là-dessous » et que ce quelque chose semblait être le secret le mieux gardé du monde, elle commença à s'imaginer un papa à la Peter Pan. C'est la raison pour laquelle elle se mit à collectionner tout ce qui concernait Neverland, Wendy ou la fée Clochette.

Secrètement elle pensait que Clara, sa tante, n'était autre que la fée Clochette. Clara semblait savoir des choses sur son papa. En tout cas à chaque fois qu'elle l'évoquait, faisant bien attention à s'en tenir à la version officielle de l'enfant parti jouer avec d'autres, il y avait des étincelles dans ses yeux.

Les deux sœurs ne se ressemblaient ni au physique, ni au caractère mais elles étaient très unies. Où Roberta s'emportait comme une furie, Clara réagissait de manière plus posée, plus raisonnée. Elle avait un sourire doux perpétuellement imprimé sur le visage. Andrea l'adorait, elle savait tante Clara plus malléable que sa mère et elle cherchait toujours à en connaître un peu plus sur ce père parti jouer au pays des enfants. Tante Clara connaissait la consigne passée par sa sœur, elle avouait à sa petite nièce qu'elle l'avait très peu connu, prétextant avoir été longtemps absente de Rome. Mais petit à petit Andréa réussit à soutirer quelques détails sur son papa et un semblant de portrait s'assemblait, tel un puzzle dans son imaginaire : elle savait qu'il avait les mêmes yeux gris clair qu'elle, qu'il était grand, maigre et sympathique. Peter Pan, quoi. Quand Andrea lui demanda s'il volait, sa tante parut hésiter avant de répondre : « Non, Mirco est un homme honnête. » Andrea ne vit pas tellement le rapport avec sa question, elle voulait savoir si son papa se déplaçait dans les airs avec l'agilité d'un perdreau, mais la réponse de sa tante la satisfit sans qu'elle eût pu dire exactement pourquoi. Elle était déçue qu'il ne vole pas mais rassurée qu'il soit un honnête homme.

Dans l'immeuble où habitaient Roberta et Andrea, tout le monde se connaissait. C'était un vieil immeuble de la Garbatella, un des quartiers les plus populaires de Rome. Avec ses constructions pas plus hautes que quatre étages, ses murs qui pour certains auraient bien eu besoin d'un coup de peinture, ses cours blanches de linge étendu à côté du rouge des géraniums en pots essayant de se faire de la place, ses petits restaurants typiques où l'on mange une pizza de celles qui feraient ressusciter un mort, ses petits jardins publics éparpillés par-ci par-là, bruyants des jeux d'enfants, la Garbatella était un des quartiers les plus appréciés des véritables Romains. À la Garbatella, les traditions continuaient à résister et les valeurs communautaires d'entraide et de solidarité perduraient, on ne fermait jamais sa porte à clé.

C'est dans cet univers chaleureux et authentique qu'Andrea grandissait. Sa mère, quand elle travaillait, la laissait chez sa tante Clara qui habitait à quelques pas, ou chez les voisines, qui l'accueillaient toujours avec joie et beaucoup de petits gâteaux, tandis que l'odeur de la soupe et des pâtes faites maison montait dans la cour de l'immeuble pour se faufiler le long des galeries. Andrea était une délicieuse petite fille, mais elle avait son caractère, comme l'avait flairé la docteur Rinaldi le jour de sa naissance. Quand elle avait quelque chose en tête, elle était capable de réveiller tout le voisinage par ses cris. Elle devenait toute rouge et il n'y avait aucun moyen de la calmer.

– Elle deviendra chanteuse, si elle continue comme ça ! laissait échapper Clara, toujours indulgente et positive, quand sa nièce paraissait avoir l'intention de détruire les tympans de tout ce qui était doté d'un système auditif.

– Espérons vraiment que non. J'aimerais pour elle une carrière d'avocate ou quelque chose dans le genre. Quelque chose de solide, de sérieux, répondait invariablement Roberta.

Il était vrai que Roberta gagnait péniblement de quoi joindre les deux bouts. Elle s'était lancée dans le Cinéma, avec un grand C, non en tant qu'actrice comme son physique lui en aurait donné la possibilité, mais en tant que monteuse. Cela consistait à coller les unes derrière les autres des images fixées sur pellicule pour faire un tout cohérent, rythmé et distrayant. Un boulot d'esclave pour qui n'était pas passionné. Payée la plupart du temps avec un lance-pierre, soumise à des horaires impossibles et à une ambiance confinée et enfumée dans une salle fermée pas plus grande que la resserre à vélos de l'immeuble de la via Giovanni Battista Magnaghi, Roberta faisait contre mauvaise fortune bon cœur. Le cinéma était sa passion. D'un caractère entier, elle se consacrait à fond à cet art dont l'Italie était encore un des plus prestigieux et talentueux producteurs grâce à des maîtres tels que Federico Fellini, Bernardo Bertolucci ou Luchino Visconti. Elle avait déjà eu l'occasion de travailler avec Visconti, et elle le faisait savoir avec fierté et un rien de forfanterie. Elle omettait de préciser qu'il s'agissait de Claudio Visconti, un homonyme.

Bref, dans son for intérieur, Roberta espérait de tout son cœur que sa fille choisirait un métier moins aléatoire pécuniairement parlant et surtout plus accessible pour une femme. Le cinéma était la chasse gardée des hommes.

Peut-être était-ce pour cette deuxième raison que Roberta avait décidé de l'appeler Andrea. Andrea est un prénom typiquement masculin en Italie, rarement utilisé pour une femme. Roberta imaginait-elle que porter le prénom d'un homme lui aurait ouvert plus facilement les portes du monde du travail, où de toute façon les hommes étaient toujours plus privilégiés ? Mystère. Si les motivations qui avaient présidé à ce choix restaient assez floues dans la tête de Roberta, un psychanalyste n'aurait sans doute pas manqué de relever que le prénom Andrea trouve ses origines dans le mot grec *andros* qui signifie « l'homme ».

Comme pour se conformer au sexe dans lequel son prénom semblait la ranger, Andrea ne jouait presque jamais avec des poupées ou avec une dînette et tous ces jeux qui intéressent généralement les petites filles : elle paraissait bien plus intéressée par les petits soldats et par les stratégies militaires.

Elle avait consciencieusement maltraité toutes les poupées qu'on lui avait offertes. Une seule avait échappé au recyclage façon pièces détachées, elle portait une tignasse rousse flamboyante qui lui conférait une stature incontestable de chef de guerre, une chef de guerre moins présentable que la Barbie de Mattel, mais nettement plus crédible. Andrea avait construit avec ses copains, tous les petits garçons que comptait l'immeuble, une espèce de château en carton : sa mini Barbie était la patronne des soldats qui défendaient le fort des assauts des ennemis. Andrea adorait ce jeu et ses camarades semblaient accepter son autorité sans discuter. Bien au contraire, personne ne se risquait à la remettre en question. Les petites filles de son âge avaient vite évité de lui proposer de jouer à la maman avec leurs belles poupées, elles tenaient à les retrouver entières.

– Et si j'avais fait une erreur en l'appelant Andrea ? commença à se demander Roberta quand elle voyait sa fille remonter à la maison pleine de terre dans les cheveux mais avec un air satisfait parce qu'elle lui expliquait qu'elle « avait défendu la forteresse jusqu'à la mort ». Et puis elle lui montrait toute fière la petite poupée qui était le « chef des guerriers », un bras en moins mais la tignasse intacte.

Mais le pire était encore à venir.

Les graffitis du Villari

Non loin du 2 via Magnaghi, il y avait un mur haut de trois bons mètres qui bordait sur une cinquantaine de mètres la rue Passino. Andrea empruntait cette rue chaque jour de la semaine, sauf le dimanche, pour se rendre à l'école maternelle Cesare Battisti. Le matin, sa mère l'accompagnait et souvent, c'était sa tante Clara qui la ramenait à la maison, Roberta étant encore au travail, penchée sur le minuscule écran de sa table de montage. À chaque fois qu'elle longeait ce mur, la petite fille ouvrait des mirettes grandes comme des tartelettes aux cerises. Il était très joli, ce mur. Au retour de l'école, vers 14 heures, le soleil tapait en plein dessus et faisait ressortir les dizaines de graffitis qui le couvraient jusqu'à hauteur d'un homme adulte ou d'un garnement juché sur les épaules d'un petit copain. Trop jeune pour déchiffrer cet immense livre à ciel ouvert, elle demanda à sa mère de lui en lire quelques passages, ceux qui étaient écrits avec les plus grosses lettres avec de belles couleurs. Sa mère se contentant de lui répondre qu'il s'agissait de « bêtises », elle tenta sa chance auprès de sa tante. Mais le résultat fut identique, le terme « bêtises » étant remplacé par « grossièretés ». Voilà de quoi exciter l'imagination d'une petite fille curieuse et déterminée !

Ce qui était étonnant, c'est que ce mur ne cachait pas une cour de récré, un parking plein de voitures ou ce genre de choses. Derrière le mur il y avait un jardin très grand, elle avait pu le voir quand le portail de fer qui barrait le centre de l'ouvrage était ouvert. Ce qui ne manqua pas de surprendre Andrea, c'est que dans ce jardin on ne faisait pousser que de l'herbe ! Pas une fleur, pas une plante verte comme dans le salon de la maison, même pas un arbre. Rien que de l'herbe ! Un peu jaune, qui plus est. Vraiment il se passait de drôles de trucs à la Garbatella…

Il devait y avoir quelque chose de magique là-dedans, il y avait quelquefois beaucoup d'agitation (souvent l'après-midi) et elle pouvait entendre des voix de grandes personnes mais aussi de beaucoup d'enfants, des sifflements, des cris, et des cavalcades venant de l'intérieur.

Elle s'aperçut que les frères de ses copains d'immeuble y allaient. Elle avait surpris Enrico, un grand de huit ans, se faufiler avec plein d'autres grands à l'intérieur par la petite porte de service juste à droite du grand portail. Elle n'y tint plus et se mit à la chasse aux informations.

Sa mère avait répondu laconiquement « ils font du sport », sans satisfaire la curiosité de la petite fille. Elle avait pris son courage à deux mains et s'était directement adressée à Enrico, qui l'intimidait quand même un peu du haut de son mètre quarante et de sa réputation de bagarreur. Il lui répondit comme si c'était une évidence :

– C'est le stade ! Le Villari ! C'est là qu'on s'entraîne, on joue tous les dimanches. On est en Promozione[1] et on est quatrièmes ! Il y a l'équipe junior et l'équipe première.

Quand elle lui avait demandé « Et… Tu joues à quoi ? Au château fort ? » il était parti en ricanant, plein de dédain pour son ignorance.

– Au foot ! Et c'est pas pour les filles !

Au foot… des gars qui jouent au ballon avec leurs pieds. Et donc il fallait un immense jardin sans fleur pour jouer au foot… Épatant… Mais Andrea était surtout très énervée par la réaction d'Enrico. C'était exactement comme avec les soldats du château, à chaque fois que ses petits copains se faisaient laminer par sa chef de guerre aux cheveux rouges, ils disaient « de toute façon c'est pas pour les filles !!! ». Les garçons c'étaient des mauvais joueurs. Quand ils disent qu'un truc c'est pas pour les filles eh bien c'est qu'ils ont peur de se faire laminer !

Un jour, alors qu'elle dînait avec sa mère dans la petite cuisine de la via Magnaghi, elle demanda d'un trait :

– Maman, tu m'emmènes au stade ?

Il s'en fallut de peu que Roberta ne s'étrangle. Le dîner était le moment où sa fille lui adressait une série sans fin de questions. Depuis « que veut dire Garbatella ? » à « pourquoi les poissons ne marchent pas ? ». Mais le mot

1. Promozione correspond à la division d'honneur régionale.

stade n'avait encore jamais suscité une demande d'explications ou d'éclaircissements.

Comme elle regardait d'un air dubitatif Andrea, celle-ci poursuivit sur sa lancée :

– Pour regarder les garçons jouer au foot, au Villari où ils sont quatrièmes en division d'honneur régionale.

Visiblement la fille en savait plus que la mère sur le sujet. Roberta s'était arrêtée aux quatre lettres FOOT et pour elle, elles étaient rédhibitoires. Elle avait une aversion pour tout ce qui touchait à ce sport. Andrea le comprit quand sa mère, si prompte à donner des réponses sur n'importe quel sujet, resta sans voix un long moment avant de reprendre contenance.

– Qu'est-ce qui te passe par la tête, Andrea ? Tu voudrais peut-être aller au cinéma, mon trésor ?

Mais Andrea avait les idées bien claires, même si elle n'avait que six ans.

– Nan. Moi je voudrais vraiment aller au stade, pas au cinéma, avait-elle répondu, sérieuse.

Tout aussi sérieuse et qui n'admettait pas de répliques avait été la réponse de sa mère.

– Je n'en vois pas vraiment le besoin, Andrea. Le stade ce n'est pas un endroit pour les petites filles.

Les yeux d'Andrea avaient commencé à changer de couleur, mais sans succès.

– Mais pourquoi ?

– Parce que.

Consciente que sa réponse manquait un tant soit peu de corps elle ajouta :

– … Parce qu'une petite fille ne va pas au stade. C'est un truc de garçons ! Point final.

Il semblait donc qu'il y ait une convergence de points de vue entre Enrico, huit ans et pas encore toutes ses dents, et Roberta, la maman d'Andrea. Le foot n'était pas pour les petites filles.

Andrea, au bord des larmes, laissa son assiette et partit dans sa chambre pour épancher son chagrin. Elle avait décidé de ne pas hurler et de ne pas retenir sa respiration pour virer au cramoisi comme elle le faisait quand elle sentait qu'une petite pression de sa part pouvait faire tourner une situation à son avantage. Elle sentait confusément qu'il était inutile de titiller sa mère sur le sujet, jamais elle ne l'avait surprise dans un tel état émotionnel, comme si elle avait avalé une pleine lampée d'huile de ricin (Andrea détestait l'huile de ricin). Maman avait fait une réaction allergique comme quand tata Clara mangeait du poisson. Une fois tata Clara s'était trouvée mal, elle était devenue toute rouge comme si elle faisait un caprice mais en fait c'était, lui avait expliqué Roberta, parce qu'elle ne supportait pas les produits venant de la mer, or elle avait mangé par inadvertance un petit morceau de crabe dans une salade. Impressionnant. Eh bien le foot, c'était visiblement pour sa maman comme le poisson pour sa tante : insupportable.

Roberta vint vite la rejoindre au bord de son lit. Pour se faire pardonner son emportement qu'elle savait coupable, elle promit à sa fille de l'emmener voir *Peter Pan*, le film d'animation de Walt Disney qui ressortait sur les écrans romains.

Avant de s'endormir, Andrea, le pouce dans la bouche, se demanda s'ils jouaient au foot à Neverland, le pays où son papa était roi.

– Maman, qu'est-ce que ça veut dire, *bianconeri gobbi ?*

Roberta était incapable de répondre. Non qu'elle ne le voulût pas, elle ne savait simplement pas qui étaient les bossus (*gobbi*) et pourquoi diantre ils étaient *bianconeri* (blancs et noirs). Mais elle était très fière des progrès de sa fille en lecture. Andrea commençait à apprendre à lire et le mur du Villari faisait office pour elle de cahier d'exercices. Et quand on est aussi douée, on n'a pas de temps à perdre avec des inepties footballistiques. Parce que *bianconeri gobbi* ne pouvait qu'être une ineptie footballistique !

– On y va, Andrea, ce sont des choses qui ne te regardent pas, on y va…

Andrea n'était pas très satisfaite de ces non-réponses. Et puis elle n'arrivait vraiment pas à comprendre pourquoi sa mère s'énervait tant quand elle essayait d'épeler *vaffa…*

Le sens de ce mot, que tout le monde lui ordonnait de ne pas répéter parce qu'il était grossier mais qui était toujours écrit sur le mythique mur du Villari, lui échappait, Mais si on ne devait pas le dire, pourquoi tout le monde le disait à tout le monde ? Dans son quartier, elle l'entendait répéter souvent ce mot et personne ne réprimandait celui qui le disait, au pire on y répondait. Les adultes étaient vraiment bizarres, surtout les garçons. En plus, cette expression changeait souvent de destinataire :

une fois cela concernait la ville de Milan, une autre fois Turin, Rome ou la Juventus, ou une fille qui s'appelait Viola[2]. Sa tante lui expliqua qu'il s'agissait de clubs de foot, le cœur des Romains étant partagé entre deux formations : la Roma et la Lazio. Clara lui raconta le jour de sa naissance, le grand embouteillage qui avait précédé et la façon dont les supporters de la Roma les avaient déposées devant l'hôpital.

Andrea remarqua que sa tante n'était pas si ignorante que sa mère en matière de football, elle paraissait même aborder le sujet avec un certain enthousiasme, malgré la distance qu'elle préférait garder avec ce sujet si « épineux » pour sa sœur.

Pour Andrea, ce mur était toujours plus attirant. Elle fantasmait que de l'autre côté il y avait une forteresse que prendrait sa chef de guerre aux cheveux rouges. Et qu'un jour, elle-même aurait été le chef de cette forteresse. Elle aurait tant aimé entrer un instant pour voir. Mais elle n'avait pas osé reformuler la demande à sa mère.

Un matin, Andrea obligea Roberta à s'arrêter devant ce qui lui semblait une phrase très longue. Elle était écrite juste à côté de la plaque « Stade du Villari ». Roberta essaya de l'éloigner mais sans résultat.

– Je t'en prie, maman, dis-moi ce qu'il y a écrit, hier ça n'y était pas !!!

---

2. Nom donné à la Fiorentina, le club de football de la ville de Florence.

Effectivement il s'agissait d'une inscription jaune et rouge (couleurs de l'AS Roma) fraîchement peinte. À la fin, bien que récalcitrante, Roberta dut satisfaire sa fille.

– C'est écrit *« Al cuore non si comanda : prima la Roma, poi la mamma*[3]*. »*

La crédibilité des supporters de foot en prit un grand coup. Quelle bêtise de mettre le football avant sa propre maman !!!

Si Roberta fut rassurée sur l'amour que lui portait sa fille, elle ne put réprimer un sentiment de malaise. La concurrence entre le sport et l'être aimé était loin d'être négligeable, elle en savait quelque chose avec Mirco. Mais ça, elle le gardait pour elle.

---

3. « On ne commande pas son cœur, d'abord la Roma, ensuite la mamma. »

Paolo Rossi

1982 fut l'année de « la révélation » dans la vie d'Andrea.

On jouait la Coupe du monde de football en Espagne et même si Roberta faisait tout pour éviter les terrifiantes images de ballon rond que bombardait sans arrêt la télévision, elle se rendit vite compte que la lutte était vaine, le satané ballon rebondissait dans toutes les conversations, dans tous les lieux publics, sur les unes de tous les journaux.

À la Garbatella, comme dans tout Rome, comme dans toute l'Italie, on respirait foot.

Chaque heure, chaque minute, chaque seconde, on n'entendait parler de rien d'autre que de foot.

Ne travaillant pas en ce mois de juin, Roberta ne put trouver refuge dans les quinze mètres carrés de sa salle de montage. Hors de celle-ci, elle se retrouvait à la merci du monde extérieur, ce monde réel fait de perfection comme sa délicieuse petite fille et d'aberrations comme ces types en short cavalant après un ballon.

Roberta s'était, depuis quelque temps, beaucoup investie dans une association féministe. Le combat des femmes pour la reconnaissance de leurs droits, pour la parité dans tous les secteurs de la vie sociale et politique, contre l'ostracisme dont certaines étaient frappées, était au centre des débats à chaque réunion. Cette année, le problème majeur auquel les femmes avaient à faire face fut le foot. Juste le foot.

À l'idée de faire « la grève du foot », proposée par un groupe de femmes dont faisait partie Roberta, beaucoup de membres prirent peur et plutôt que de risquer un divorce préférèrent se désolidariser de l'association.

La façon la plus simple et la plus radicale de manifester son refus de cette tyrannie culturelle était de tourner le bouton de la télévision. En effet, on avait beau essayer de changer de chaîne, on se trouvait inévitablement face à une émission qui parlait de foot. Donc *couic* ! Plus de télé ! Mais c'était plus facile à dire qu'à faire. Pour Roberta, cela n'aurait pas dû poser trop de problème : en effet, elle avait la chance d'être mère célibataire d'une charmante petite fille et non d'un petit monstre chaussé de souliers à crampons.

Malheureusement pour Roberta, c'était compter sans sa sœur, un gâteau au chocolat et Paolo Rossi…

Un soir, quelques semaines avant le début de la Coupe du monde, tante Clara avait la garde d'Andrea. Pour l'occuper et surtout pour lui faire plaisir, elle confectionnait sous ses yeux un de ces gâteaux au chocolat dont elle avait le secret. La fillette, qui venait de fêter ses sept ans, observait sa tante battre les œufs en neige et s'adonner à de savants mélanges. On aurait pu croire qu'elle prenait des notes mentalement afin de reproduire plus tard la recette.

Mais Andrea avait autre chose en tête. Elle était malheureuse et désorientée. Des garçons de l'immeuble lui avaient détruit sa poupée aux cheveux rouges. Définitivement. Elle s'était mise en colère très fort et les avait menacés des pires représailles. Enrico, vaguement inquiet puisqu'il connaissait le caractère de cette fille, crut bon de l'avertir que son papa à lui qui était gendarme, allait lui botter les fesses vite fait bien fait si elle entreprenait quelque action que ce soit à son encontre. Et d'ajouter un fielleux : « Et toi, ton papa c'est qui, d'abord ? » suivi immédiatement de l'estocade : « T'es qu'une quille et t'as même pas de papa, toi ! »

– Tante Calara…

Même à sept ans, Andrea continuait à estropier le prénom de sa tante.

– Oui, mon amour ?

– Tante Calara, tu peux me parler de papa ?

Clara était certainement moins dure que Roberta quand il s'agissait de Mirco. Mais elle pensait qu'Andrea devait savoir plus de choses sur son père. Ce n'était pas juste d'éviter toute allusion à Mirco et de ne jamais répondre aux questions de la petite fille.

Cette façon différente de voir les choses était une source continue de disputes entre les deux sœurs.

– Qu'est-ce que tu veux savoir, mon trésor ?

– Tu me dis comment il était ? Tu l'as vu, non ?

La même question depuis des années. Clara hésitait dans l'attitude à adopter. Ou elle s'en tenait à la version Peter Pan de l'affaire Mirco ou elle accédait à la demande de la petite fille malgré les foudres prévisibles de sa sœur.

En nettoyant consciencieusement de son index le récipient dans lequel elle avait préparé la pâte, Andrea s'était barbouillée de chocolat et de farine. Elle avait une bille de clown, pourtant Clara décela dans le regard de l'enfant quelque chose d'impérieux, un appel au secours qu'il aurait été criminel de négliger. Ses yeux avaient viré au gris foncé, symptôme de tempête. Ce qui décida sa tante à affronter les foudres de sa sœur.

– Oui, mon amour, je l'ai connu. Il était beau comme tu es belle, avec tes yeux. Et il avait une voix d'ange.

– Il volait alors !

– Si tu veux oui, il chantait des chansons d'amour. C'est comme ça qu'il m'a… qu'il a envoûté ta mère…

Clara s'interrompit. Elle sembla, l'espace d'un instant, transportée ailleurs.

– Tata, pourquoi je ne peux pas avoir de photos de papa ? Maman se fâche quand je le lui demande. Elle dit qu'il n'existe pas de photos.

– C'est vrai, Andrea. Ta mère les a toutes jetées, j'étais présente. J'ai essayé de la retenir mais…

– Elle aurait pu en garder une pour moi… Dis-moi autre chose sur lui… Je sais qu'il était grand et maigre, c'est bon. À part chanter, qu'est-ce qu'il aimait faire ?

« Aimer les femmes », pensa Clara. Elle préféra ne pas le dire.

– Ce qu'aiment faire tous les garçons, je pense.

– Et qu'est-ce qu'ils aiment, les garçons, à part leur papa, les bagarres et les voitures ?

Clara ne put s'empêcher de sourire.

– C'est vrai tu as raison… Voyons voir… Qu'est-ce qu'ils aiment les garçons… Les filles. Hein ? Qu'est-ce tu en penses ?

– Non. Les garçons, ils sont méchants avec les filles. Et mon papa, je suis sûr qu'il était très très gentil avec les filles.

– C'est vrai maintenant que tu me le dis, je m'en souviens. Mais, dis-moi… Il y a des garçons qui ont été méchants avec toi ?

– Non.

– C'est vrai ?

– Simplement les garçons ils m'ont cassé Termi.

– Terminatora ? Ta poupée chef de guerre ?

– Voui. Mais mon papa quand il reviendra, il ira leur casser la figure ! Il était fort mon papa, hein ?

– Très fort.

– Et… quand il est parti jouer avec les autres enfants, il jouait à quoi ?

« Au poker, au black-jack, à la roulette, au… » non, Clara ne pouvait pas dire ça. Andrea l'aida à trouver la bonne réponse.

– Il jouait au foot ? Comme tous les garçons.

– Mais oui il jouait au foot !!! Il aimait beaucoup ça. Je me rappelle, il regardait tous les matchs qui passaient à la télé.

– Génial !!! Et tu l'as vu jouer ? avec le ballon, les chaussures à clous et tout ça ?

– Non, mais il disait que « balle au pied » on l'appelait Paolo, Paolo quelque chose…

– Paolo qui, tata ? Allez dis-moi ! Paolo qui ?

– Paolo Ronni… Paolo Fossi… Non… Paolo. Paolo… Je sais plus. Mais Paolo j'en suis sûre.

– Mon papa il jouait au foot… C'est génial… génial… génial…

– Rossi ! Paolo Rossi !!!

– C'est un super joli nom. Mais tu le connaissais quand même bien mon papa, avant tu me disais que tu l'avais vu juste deux trois fois…

– Oui… Non… Enfin… Bon dis-moi choupinette, tu me promets de rien dire à ta mère de tout ça hein ?

– Elle va te gronder ?

– Non mais… Enfin, c'est entre nous hein ?

– D'accord. Tu l'aimais bien, mon papa ?

Le regard légèrement embué de sa tante répondit pour elle. Andrea, un peu interloquée, décida de rompre cet instant troublant où l'émotion et les sentiments se livraient à un numéro d'équilibristes sur le fil tendu des souvenirs de Clara.

– Dis, tata Calara… Pourquoi tu touilles toujours la pâte ? Il faudrait peut-être la mettre au four, non ?

La petite fille n'entendit plus parler de ce Paolo Rossi jusqu'à ce qu'il fasse une entrée fracassante dans sa vie par l'entremise de ses voisins de palier, des habitants de la Garbatella, de Rome en fusion et de l'Italie tout entière.

Roberta avait fait son possible pour passer à travers les mailles serrées du filet Coupe du monde. Mais à moins d'être aveugle, sourd et impotent, c'était totalement impossible. L'Italie entière était devenue une planète football, ceux qui ne connaissaient pas la signification des mots penalty ou quart de finale étaient considérés comme des aliens. À l'inverse, Roberta et ses copines de l'association avaient la sensation d'être prisonnières dans un vaste Nostromo (Roberta avait adoré le film de Ridley Scott, *Alien*, sorti deux ans auparavant) où à chaque instant le monstre football allait les dévorer tout cru. Impossible de se planquer. Bien sûr, elles se réunissaient les unes chez les autres pour résister, elles profitaient des heures de match pour aller au musée (ils étaient désertés) ou au cinéma, elles se téléphonaient sans arrêt pour se donner des nouvelles du front et ricanaient à n'en plus finir sur l'ineptie de ce sport qui consistait à pousser une balle selon des règles très compliquées et à s'écrouler les uns sur les autres comme des lasagnes quand on avait marqué un point. Pardon… Un but.

Le 5 juillet, Roberta et ses copines s'étaient réunies à son domicile, histoire d'être moins seules pendant la diffusion du match Italie-Brésil, match du deuxième tour de la compétition. Il était 17 heures, la chaleur étouffante de cet été obligeait à ouvrir fenêtres et portes dans l'espoir d'un hypothétique courant d'air. Le moindre effort physique était un supplice et les militantes du droit des femmes avaient décidé d'organiser un tournoi d'un jeu autrement plus subtil et délicat que le football : le mikado.

Au moment où des familles entières s'agglutinaient devant leur poste de télévision, où des millions de canettes de bière étaient décapsulées, où on se battait pour une place sur le canapé, où certains priaient la Madone et d'autres les dieux du stade, nos amies se concentraient sur un empilement de fines baguettes que le moindre mouvement un peu brusque risquait d'effondrer. Comme pour ne pas perturber cet exercice qui nécessitait précision et patience, Roberta et ses camarades parlaient à voix basse.

Dehors, la circulation s'était interrompue, plus de klaxons intempestifs, plus de coups de frein stridents. Les moineaux qui avaient élu domicile sur les arbres en face avaient cessé leurs frénétiques jacasseries. Nelson, le setter borgne des voisins du dessous, avait mis une sourdine à ses éternels aboiements. Seul le Capitaine Crochet, le placide poisson rouge des Margheri, s'agitait dans son bocal, peut-être s'affolait-il des airs de conspiratrices que prenaient ces femmes penchées vers le centre de la table du salon et chuchotant quelque complot dont il aurait pu être l'objet.

Rome retenait sa respiration. Le match qui décidait du sort de la *squadra Azzurra* (l'équipe italienne) allait commencer.

Isabella, une des amies de Roberta, demanda dans un souffle :

– Et Andrea, comment elle vit cette folie foot ?

Sur le même ton, celui de la confidence, Roberta put vanter le calme et la sérénité qui évitaient à sa fille adorée de tomber dans l'hystérie collective. D'ailleurs la petite était dans sa chambre en train de lire. Zen. Les joueuses de mikado l'enviaient, les unes concédaient qu'elles ne maîtrisaient plus du tout la situation vis-à-vis de leurs enfants, les autres avouaient qu'elles ne maîtrisaient plus du tout leurs enfants vis-à-vis de la situation. Roberta n'était pas peu fière de sa fille, elle semblait assumer que son père avait été gigolo dans une vie antérieure et que le football n'était qu'un attrape-gogo pour individu en manque de religion. Pas mécontente de sa formule, Roberta se mit en tête de soulever un des petits bâtonnets multicolores en équilibre précaire sur la pile. Du bout de son index elle entreprit de faire levier sur l'extrémité effilée d'un autre bâtonnet. L'opération était délicate et demandait un maximum de concentration…

C'est à ce moment précis que Paolo Rossi inscrivit le premier but pour l'Italie. À la cinquième minute.

La clameur fut telle que le jeu de mikado se disloqua littéralement sur la table. Une vibration démente monta le long de l'immeuble, Isabella et Chiara se demandèrent si l'Etna, pourtant fort éloigné, ne s'était pas réveillé. On n'entendait même pas Nelson, qui avait pourtant repris du service, réveillé par un déluge de cris et de klaxons. La porte du couloir s'ouvrit à la volée. Andrea bondit comme un diable dans le salon en criant à tue-tête « Papa a marqué !!! Papa a marqué !!! » et de faire le tour de ces gentes dames comme une Indienne dansant autour du poteau de torture : « Paolo Rossi !!! Paolo Rossi !!! »

Roberta perdit pas mal de crédibilité auprès de ses camarades de lutte, mais gagna la certitude que sa fille avait un tempérament et un enthousiasme qui feraient d'elle une gagnante. Même si elle ne l'avouerait jamais, elle était contente que ce Paolo Rossi ait marqué ce but, pas pour l'Italie ou la planète foot en général mais parce que d'un coup de tête dans un stupide ballon, il avait rendu heureuse sa fille.

En cette fin d'après-midi du 5 juillet 1982, Paolo Rossi inscrivit deux autres buts qualifiant son équipe pour les demi-finales, causant une bonne centaine d'infarctus, dix fois plus de déclarations d'amour et empêchant une petite fille de sept ans de dormir pendant vingt-quatre heures.

Quand Roberta sortit pour raccompagner ses copines un rien déstabilisées par la liesse générale, elle s'aperçut qu'une grande banderole avait été tendue à l'entrée de l'immeuble, on avait inscrit dessus : FORZA ITALIA. Dans la cour, les voisins s'embrassaient, se congratulaient, hurlaient. Beaucoup étaient habillés ou grimés aux couleurs de l'Italie. Le vin coulait à flots et on trinquait dans des verres en carton. Roberta accepta un verre de chianti et elle prit plaisir à participer à ces manifestations de joie et d'allégresse. Elle observait sa fille qui dansait avec les mômes de l'escalier, ceux-là mêmes qui lui avaient cassé sa poupée.

Quand Andrea avait exécuté sa danse de Sioux autour de la table de Mikado, Roberta s'était demandé pourquoi elle associait Mirco à ce « Paolo Rossi ». Comment Andrea avait eu vent de cette ressemblance ? Ne voulant pas gâcher la fête qui battait son plein, Roberta dut se résoudre à reporter à plus tard le pourquoi du comment, bien qu'elle comprît intuitivement que sa sœur ne devait pas être blanche dans cette affaire…

Elle commençait à se demander si Andrea n'avait pas été envoûtée le jour de sa naissance par les cris des supporters dans le stade tout proche. Elle n'oubliait pas non plus qu'elle avait été portée alors qu'elle était encore dans son ventre par les *tifosi* jusqu'à la porte de l'hôpital. Cela faisait beaucoup. Dans la Rome antique, un vol de perdreaux et des entrailles convenablement présentées n'auraient pas mieux auguré du destin de sa fille. Mais Roberta, qui était somme toute une femme raisonnable, repoussait ses croyances d'un autre âge et se refusait à croire que cela puisse être l'explication des comportements de sa fille. Elle était certaine que l'enthousiasme généré par la victoire de son pays dans ce match allait tourner court. L'équipe italienne allait sûrement se faire sortir de la compétition au prochain match. Ce Paolo Rossi ne serait que le héros d'un jour, une étoile filante comme ces starlettes qui connaissaient une renommée éphémère le temps d'un film et qui retombaient dans l'anonymat et l'oubli. En tout cas, c'est ce que Roberta espérait secrètement et elle se rassurait en se disant que c'était ce qui allait arriver. Elle ne pouvait s'empêcher de penser à Mirco, la comparaison avec une star éphémère lui convenait à merveille, c'est vrai qu'il avait été un peu une étoile filante dans sa vie. Il restait de sa traîne des millions d'étincelles qui une à une disparaissaient de sa mémoire. Sauf Andrea qui n'avait rien d'une étincelle, sa fille qui était devenue son soleil.

– *Campioni del mondo ! Campioni del mondo !* répétait Nando Martellini, le commentateur de la Rai, un cri qui resterait à vie dans la mémoire des Italiens.

Le 11 juillet 1982, l'Italie devenait championne du monde de football en battant la formation allemande par trois buts à un. Le premier but avait été inscrit par… Paolo Rossi.

Cet incroyable joueur repêché au dernier moment par le sélectionneur Enzo Bearzot avait été le véritable héros de cette épopée. Il avait terminé meilleur buteur de la compétition en trompant par six fois la vigilance des gardiens adverses. On chantait son nom dans les rues de toute la péninsule, *« C'è solo un Paolo Rossi »* (il n'y a qu'un seul Paolo Rossi), et bien sûr Andrea s'en était donné à cœur joie.

Au grand dam de sa mère, elle se mit à collectionner tout ce qui le concernait.

La fillette découpait soigneusement toutes les photos de l'attaquant qu'elle pouvait trouver. La tâche était herculéenne, à cette époque en Italie on ne pouvait pas acheter un fromage, un bonbon, un soda, un paquet de pâtes, une machine à laver ou une paire de lunettes sans qu'y soit associée l'image du buteur. Ensuite, elle les conservait dans un petit album qu'elle s'était fait offrir par sa tante. Elle ouvrait chaque jour l'album et elle fantasmait sur ce père inconnu qui ressemblait au footballeur. Ses yeux étaient d'une autre couleur, d'accord, Rossi les avait plus foncés que papa, mais la ressemblance physique l'aidait à l'imaginer et à le sentir plus proche d'elle.

C'était le début d'une grande histoire d'amour : Andrea et le football.

Le Père Noël et les Panini

« Cher Père Noël, pour Noël je voudrais que tu m'apportes un album avec toutes les photos de ceux qui jouent au ballon. Il s'appelle album Panini, justement comme ceux qui se mangent. Ce n'est même pas lourd et je pense donc que tu peux le porter sans trop te fatiguer. Ton Andrea. »

Roberta avait trouvé la lettre un mois avant Noël et elle était restée abasourdie. La Coupe du monde était finie depuis presque cinq mois maintenant et elle se rendait compte qu'elle avait sous-évalué la soudaine lubie de sa fille. Non seulement sa passion pour Paolo Rossi ne lui était absolument pas passée, mais le football commençait à prendre une dimension beaucoup trop importante dans la vie de la fillette, aux yeux de Roberta.

Elle tenait de plus en plus de discours étranges sur le fait qu'elle aurait voulu voir un match, qu'elle avait rêvé de marquer un but. Un jour elle avait carrément déclaré qu'elle voulait devenir vendeuse de billets pour entrer au stade, comme ça, elle pourrait voir tous les matchs du monde.

Heureusement, pensait Roberta, Andrea ne semblait pas avoir d'équipe préférée : elle n'était supportrice ni de la Roma, ni de la Lazio, les deux équipes de la capitale. Ses camarades d'école étaient pour la majorité des supporters de la Juventus de Turin ou de toute autre formation du nord de l'Italie, habituées à jouer les premiers rôles dans le championnat national, le Calcio.

C'est en tout cas ce que s'ingéniait à expliquer avec force détails Andrea à sa mère qui évidemment n'y comprenait rien et ne voulait rien y comprendre.

Roberta s'inquiétait, elle s'en ouvrit à sa sœur.

– Mais tu te rends compte, Clara ? Elle veut un album Panini comme cadeau !

– Mais c'est une petite fille, Roberta ! Tu ne peux pas l'empêcher d'avoir des désirs, comme toutes les petites filles du monde !

– Et voilà, tu viens de le dire. Comme toutes les petites filles du monde ! « Toutes les petites filles du monde » – comme tu dis – demandent une poupée, une dînette, une poussette pour leur poupée préférée, une peluche à la limite, des choses comme ça ! Aucune ne demande un album Panini ! Aucune ! C'est quoi d'ailleurs cet album Panini ? Qui lui en a parlé ?

– Tous les garçons de sa classe en ont. C'est un album sur lequel tu colles des vignettes représentant des joueurs de football. C'est un truc incontournable pour tout amateur de foot, c'est bien connu. C'est bien, d'ailleurs.

Roberta regarda sa sœur comme si elle avait trois têtes.

– C'est nouveau, tu t'y connais en foot, maintenant ?

– C'est Andrea elle-même qui me l'a expliqué, elle voulait que je lui corrige ses fautes d'orthographe.

Roberta eut la confirmation de deux choses : d'une part sa fille n'avait pas fait des progrès stupéfiants en orthographe, et d'autre part elle n'était pas la seule contaminée par la maladie du foot, sa tante semblait avoir elle aussi été touchée.

Il devait y avoir une tare cachée chez les Margheri et elle devait prier pour qu'elle ne la développe pas elle aussi.

– Et puis excuse-moi, hein, Roberta… mais justement, toi qui es une féministe convaincue tu penses qu'une petite fille ne doit pas s'intéresser au football ?

Clara soutint le regard halluciné de Roberta.

– Mais quel est le rapport ? Tu veux que ma fille devienne comme son père, une dingue de foot ?

À l'évocation de Mirco, Clara reste un bref instant sans voix, il s'agissait d'un terrain miné, il ne serait pas raisonnable pour elle de s'y engager.

– De toute façon si Andrea aime le foot, tu ne peux pas le lui interdire.

– On en reparlera.

Elles en reparlèrent, en effet, la nuit de Noël.

Cette année-là c'était au tour de Roberta d'organiser le repas de la fête de la Nativité, elle recevait dans son petit appartement une quinzaine d'amis et quelques membres de sa famille. Clara lui avait donné un sérieux coup de main et Andrea avait été mise à contribution. C'est elle qui s'était occupée du sapin et de la crèche. Elle avait essayé d'y ajouter sa touche personnelle mais sans succès. Sa mère avait juste à temps, avant que les premiers invités n'arrivent, retiré le ballon de football miniature que tenait l'enfant Jésus dans ses petites mains. Andrea l'avait regardée faire sans hurler, elle savait faire des sacrifices quand les événements le commandaient. Le paquet en forme d'album Panini sur sa paire de chaussons lui semblait être une raison plus que suffisante pour accepter certaines concessions, dussent-elles museler son élan créateur. En d'autres termes, cela ne valait pas la peine de piquer sa crise sous peine d'être peut-être privée de Panini.

À minuit moins dix, Andrea n'en pouvait vraiment plus d'attendre, mais elle ne le montrait pas. Elle regardait les autres enfants, deux petites cousines, des toutes petites puisqu'elles n'avaient pas cinq ans, s'exciter comme des puces autour de la montagne de paquets qui leur étaient destinés. Philosophe, Andrea conversait à voix basse avec le Capitaine Crochet qui était le seul dans cette maison à ne pas l'interrompre quand elle parlait football. « Tu vois Capitaine, moi j'ai appris grâce à Paolo Rossi qu'il fallait attendre son heure. Pas besoin de s'énerver. Je sais que dans cinq minutes j'aurai ce que j'ai demandé au Père Noël ! C'est un type réglo. » Comme à son habitude, le Capitaine Crochet l'approuva par trois bulles bien senties.

– Il est minuit ! Joyeux Noël !

– *Buon Natale !*

Le mousseux fut débouché tandis que tout le monde s'embrassait. Roberta commençait à couper le *pandoro* et le *panettone*[4] pour tous, alors que les enfants se précipitaient pour chercher leurs cadeaux. Andrea s'était assise par terre et ouvrait rapidement les siens : elle avait écarté deux peluches en forme d'ours, une boîte de crayons de couleurs, une Barbie et un collier avec des boucles d'oreilles pour petite fille, de celles qui servaient au carnaval pour se déguiser. À vomir. Elle avait laissé pour la fin le meilleur : l'album Panini.

Polie, elle remerciait le Père Noël pour tous ces magnifiques « joujoux », c'était le terme employé par les adultes, qu'elle ne lui avait pas demandés mais qui lui avaient sûrement donné beaucoup de mal à transporter.

Vint le moment de débarrasser de ce papier ridicule avec ses nounours et ses trompettes, l'objet tant désiré : l'album Panini. L'opération « et on pourrit l'emballage » dura à peine trois secondes. Et Andrea put enfin admirer… un album de coloriage.

– Maman.

– Oui, mon trésor ?

Ceux qui avaient vécu la dernière éruption de l'Etna n'avaient encore rien vu.

---

4. Spécialité de gâteaux italiens pour Noël..

Les témoins gardèrent un souvenir impérissable de cette si mignonne et charmante petite fille au pied du sapin illuminé, pleurant toutes les larmes de son petit corps et sûrement bien d'autres encore. Elle tenait dans ses mains de porcelaine un bête cahier de coloriage comme s'il s'était agi d'un petit animal mort. Rien ni personne ne semblait pouvoir avoir raison de ce chagrin si énorme qu'il menaçait d'emporter tout sur son passage, *panettone*, champagne de bazar, poupées Barbie, petit Jésus et préjugés de comptoir.

– Maman, mais le Père Noël ne sait pas lire ! J'avais tout écrit sans fautes, tante Calara a vérifié ! J'avais demandé l'album Panini, pas celui à dessin ! Moi je ne veux pas dessiner, je veux l'album Panini !!!

Les adultes pas dupes, sachant en la circonstance qui était le Père Noël, tournèrent un regard accusateur vers Roberta. Pour tout réconfort, Clara, bonne copine, lui lança une mimique gênée qui lui signifiait « je te l'avais bien dit… ». Jamais Roberta ne comprit avec plus d'amertume quelle ingratitude guettait la femme qui, endossant la défroque d'un homme, le Père Noël en l'occurrence, n'en respectait pas scrupuleusement la charge.

– Je le lui renvoie au Père Noël son album ! Et je lui écris qu'il ne sait pas lire, qu'il s'est trompé ! déclara, déterminée, Andrea, les yeux brillants. Roberta se sentait mal : elle avait déçu sa fille et rendu le Père Noël pas réglo.

Deux jours plus tard, sous l'arbre, Andrea trouva son flamboyant album Panini avec un billet du Père Noël qui s'excusait pour l'erreur.

Quand Andrea se présenta à l'école toute fière avec son album, ses camarades ne la prirent pas au sérieux. Tous se moquèrent d'elle.

– Mais qu'est-ce que tu fais avec ça ?

– Il s'est gouré le Père Noël !!!

– Non ! Je voulais vraiment celui-là ! répondit-elle, en colère. Après tout le mal qu'elle s'était donné pour obtenir son album, il ne manquait plus que les autres se moquent d'elle. Et puis de quoi pouvait-on se moquer ? Elle ne comprenait pas quelle était la différence entre elle et ses camarades. Personne ne pensait se payer la tête de Marcello, celui qui lui avait révélé l'existence des Panini. Et pourquoi d'elle oui ? Seulement parce qu'elle était une petite fille ?

Mais elle leur montra qui était Andrea Margheri et elle se fit vite respecter. À la récréation, deux gamins étaient en train de discuter, se demandant qui était l'entraîneur de l'Inter de Milan (une de ces équipes du Nord toujours en haut du classement). Prenant l'air le plus candide du monde, elle les toisa et leur dit :

– C'est Marchesi.

Il y eut un silence et tous la regardèrent, incrédules.

– Tu es sûre ?

– Mais qui te l'a dit ?

– Je le sais, c'est tout. Vérifiez, non ? En attendant, j'échange un Trapattoni contre un Zoff, j'en ai au moins trois !

Et en plus ils croyaient encore au Père Noël ! Ah ! Ces garçons…

Andrea se spécialise

Andrea commença à guetter les matchs de foot à la télévision. Mais pour les suivre, c'était une autre paire de manches.

Elle avait le droit de regarder le début du film qui passait sur la Rai quand sa mère considérait qu'il était de son âge et d'un niveau culturel acceptable. Quatre films dans l'année répondaient à ces critères.

Inutile de dire que le ballon rond n'avait pas voix au chapitre dans la messe cathodique du soir. En revanche avec sa tante Clara, qui venait la garder quand Roberta faisait des heures supplémentaires à Cinecittà, Andrea pouvait se coucher un peu plus tard et regarder des programmes qui n'auraient pas eu l'imprimatur de sa mère. Malheureusement quand par bonheur un match était retransmis, Clara restait intransigeante. Les directives de sa sœur étaient très claires à ce sujet : pas de football à la maison ! Ce que ne disait pas Clara à sa nièce adorée, c'est qu'elle avait eu maille à partir avec Roberta, quand celle-ci l'avait interrogée sur l'affaire « Paolo Rossi ».

Qui avait dit à sa fille que Mirco ressemblait à cet abruti célèbre, et qui était responsable *in fine* de la fixette d'Andrea sur ce sport d'imbéciles ?

Se sentant, à juste titre, visée, Clara avait préféré botter en touche – pour reprendre un terme de rugby, sport qu'elle affectionnait tout particulièrement.

Donc sur le foot, sur Mirco, sur les Panini et *tutti quanti*, motus et bouche cousue ! De toute façon ça lui passera, à la petite.

Mais non. Ça ne lui passait pas, à la petite.

À l'école, maintenant, personne ne se moquait plus d'elle : elle connaissait par cœur les joueurs de toutes les équipes et tous les entraîneurs.

– Andrea, qui est le portier de la Juventus ?

– Zoff.

– Et le Français qui joue à la Juventus ?

– Platini.

– Et l'avant-centre qui n'arrête pas de marquer ? Celui de l'Inter ?

– Altobelli.

Plusieurs fois, Roberta surprit sa fille en train de fredonner « tous au stade » alors qu'elle-même se pâmait, comme la quasi-totalité « saine » de la population féminine de sept à soixante-dix-sept ans, en écoutant *Vita spericolata* de Vasco Rossi.

À la fin de l'année scolaire, Andrea fut reçue sans difficulté en *terza elementare* (CE2), mais c'était secondaire pour la petite fille : un événement beaucoup plus important secouait la Garbatella. La Roma, un des deux clubs de la capitale, venait de gagner le Calcio, le championnat italien. Les festivités qui suivirent furent à la mesure de l'événement, encore plus grandioses que la victoire en Coupe du monde.

À nouveau on organisa des repas, des dîners et des fêtes dans la cour : le quartier, comme toute la ville, fut pavoisé de jaune et de rouge, les couleurs de la Roma. Partout des loups peints apparaissaient – le loup était le symbole de la Roma –, les chansons qui louaient l'équipe et son « extraordinaire » victoire étaient reprises à tue-tête par tout le monde. Les supporters descendirent dans les rues, sur les places pour faire la fête des jours entiers.

Pour Andrea, rien n'était comparable à ces démonstrations d'allégresse et de joie qui rassemblaient les gens dans une communion d'émotions vraies, simples et sans artifices. Elle était heureuse de voir les gens heureux, elle trouvait ça magique. Oui c'est ça… ces onze types en short étaient bien des magiciens et elle avait bien raison de les admirer.

Son seul regret : Paolo Rossi ne faisait pas partie de la fête, il ne jouait pas à la Roma.

Santa Lucia

Quand à onze ans Andrea passa en *prima media* (sixième), ce ne fut pas à l'école Cesare Battisti. Roberta l'avait inscrite au collège de jeunes filles Santa Lucia.

Ce fut un coup dur pour la fillette. Elle ne retrouverait pas ses copains et ne pourrait plus partager devant leurs yeux admiratifs sa science du Calcio. C'était précisément pour cette raison que sa mère avait consenti de gros sacrifices financiers et l'avait fait entrer dans cette école de bonnes sœurs. Roberta n'était pas contre l'école publique, loin de là, mais elle s'inquiétait des relations uniquement masculines qu'entretenait sa fille.

À Cesare Battisti, Andrea n'avait aucune copine, que des « copains ». Elle avait réussi à s'entourer d'une cour de gamins en pâmoison devant ses connaissances footballistiques. À tel point qu'il y avait fort à parier, c'est ce que pensait Roberta, qu'ils oubliaient même qu'ils avaient affaire à une fille et non à l'un des leurs. Cette crainte avait fait rire aux larmes Clara, il était bien difficile de confondre la frêle et gracieuse Andrea avec un affreux jojo en culottes courtes ! Mais ça ne faisait pas rire du tout Roberta qui avait décidé de se servir de tous les arguments en sa possession, fussent-ils invraisemblables, pour justifier sa décision : inscrire Andrea dans une école de filles ! Au moins sa fille redeviendrait « normale ». Elle se ferait des copines ! Entre elles, elles parleraient fringues, musique, Cinéma et accessoirement garçons ! Certes, Roberta était en porte-à-faux avec ses convictions soixante-huitardes, mais un fond d'éducation bourgeoise – ses parents avaient été universitaires avant de décéder dans un accident d'avion – lui était resté et avec lui ce besoin de normaliser tout ce qui aurait pu compromettre l'ordre tout compte fait rassurant des choses.

– Eh bien, pour une féministe de la hip génération, tu es vraiment une contradiction vivante ! la brocardait Clara. Totalement sourde à ce genre d'accusations, Roberta ne comprenait pas de quelle contradiction voulait parler sa sœur.

Le premier jour à Santa Lucia, Andrea se retrouva dans une classe composée de petites filles qui ne se connaissaient pas entre elles. Sur le même banc qu'elle, il y avait une petite fille habillée avec soin, très blonde et avec un peu de brillant à lèvres rose.

– Salut !

– Salut !

Les deux petites filles s'étudièrent. À part ce brillant à lèvres ridicule, Andrea aima ce qu'elle vit. La petite fille lui semblait sympathique.

– Moi je m'appelle Andrea et toi ?

– Andrea ? Mais tu n'es pas un garçon !

– Je le sais, la rassura Andrea qui avait l'habitude de ce type de réaction.

– Eh bien… moi je m'appelle Claudia.

– Comme Gentile.

– Pardon ?

– Oui, Gentile, le défenseur champion du monde qui jouait à la Juventus. Mais maintenant il est passé à la Fiorentina.

Claudia la regarda comme si elle était une martienne.

– Pardon ? répéta-t-elle à nouveau, hébétée.

– Moi j'aime le foot, lui révéla fièrement Andrea, comme si elle avait dévoilé son amour pour quelqu'un. Claudia la regarda mieux : les yeux gris de sa nouvelle camarade de classe semblaient envahis par une sorte de fièvre. Mais elle avait l'air sympa.

– Eh bien, moi, j'aime Tom Cruise.

– Il joue où ? demanda Andrea avec intérêt. Peut-être qu'elle avait finalement trouvé quelqu'un qui aimait le football comme elle.

– Il joue où ? Mais dans *Top Gun* ! Il a les yeux verts…

– Moi, je préfère Paolo Rossi.

– Et dans quel film il a joué ?

Maintenant c'était le tour d'Andrea de regarder sa camarade avec stupeur.

– Mais il a fait gagner la Coupe du monde à l'Italie !

Ça ressemblait à une conversation de sourds. Mais ce fut comme ça qu'elles devinrent les meilleures amies du monde.

Les hommes nus

Les camarades de classe d'Andrea avaient trouvé leur vedette, leur leader, leur meneuse en la personne de Claudia. Elle, qui poussait vers ses onze ans, se donnait un mal de chien à en paraître treize, histoire d'asseoir un statut incontestable de « grande », voire de tatouée.

Andrea, plus habituée à la compagnie des garçons, la jouait perso. En évoquant les résultats prometteurs de la Juventus de Turin ou la déception créée par le dernier match de l'Italie, Andrea avait bien essayé de susciter l'intérêt de Claudia. Celle-ci l'avait regardée d'un air bizarre, pas vraiment rassurée sur sa santé mentale. Claudia avait préféré prendre ses distances.

Un jour, Andrea décida d'emmener à l'école ses albums Panini pour les montrer à la classe. Elle en avait marre de cet ostracisme dont elle se sentait victime mais qu'elle avait elle-même provoqué.

Depuis Noël 1982, Roberta, ne voulant plus risquer l'accident diplomatique avec sa fille, lui avait offert chaque année le classeur tant désiré. Andrea était donc l'heureuse détentrice de trois albums Panini. Pas moins.

À la récréation, elle avait donc montré avec orgueil les albums à ses camarades stupéfaites.

–Voilà, ce sont les Panini !

– Panini ? Mais c'est un truc qui se mange ? avait demandé Rachele, une jeune fille grassouillette. Et toutes d'enchaîner :

– C'est quoi les Panini ?

Sûre d'avoir conquis la curiosité de ses camarades de classe, Andrea se lança avec passion dans le pourquoi du comment du Panini, et elle parla série A, série B, équipes, entraîneurs, couleurs, classements, etc.

Un silence consterné suivit.

– Mais, c'est un truc de garçon !

Vexée, Andrea s'apprêtait à refermer son album quand Claudia posa la main dessus.

– Lequel te plaît ?

– Comment ça ?

– Me prends pas pour une idiote. Lequel tu préfères ?

Interdite, Andrea flaira le piège. Voilà que Miss Claudia s'intéressait au foot… Elle tourna quelques pages de l'album et désigna la photo de Walter Zenga.

–Walter Zenga, c'est le gardien de l'Inter. Un des meilleurs joueurs du monde.

– Ouais… C'est vrai qu'il est pas mal, Walter.

– Ah bon, tu le connais ?

Mais Andrea ne put satisfaire sa curiosité, sœur Eugénia passant non loin. Il y avait en effet beaucoup de chances pour que sœur Eugénia soit peu encline à apprécier les qualités du gardien de but de l'Inter de Milan. Le Calcio n'était pas au programme.

Rapide comme Bruno Conti, l'ailier de la Roma, Andrea prit l'album et le cacha derrière son dos. Le groupe de filles s'égailla comme une volée de moineaux. La cloche sonna. La récréation était terminée et elles devaient rentrer en classe. Andrea mit l'album dans son cartable resté par terre et gagna la file d'élèves qui s'était formée attendant que sœur Giuseppa, leur professeur de maths, daigne les faire entrer en cours.

Une fois assise à son pupitre, Andrea sortit son cahier et son livre de maths. Mais horreur ! elle se rendit compte qu'il lui manquait un album Panini. Elle avait beau tâter les tranches des volumes chéris, elle n'en comptait que deux. Elle fouilla directement dans le sac, plongeant littéralement la tête dedans. La réalité était aussi noire que le fond de son cartable : le Panini 1982 avait disparu !

– Margheri, qu'est-ce que tu es en train de faire ?

– Je cherche quelque chose, sœur Giuseppa.

– Une chose… quoi ?

– Rien, rien.

– Alors, si tu ne cherches rien, tu es priée de mettre de l'ordre sur ton pupitre. On n'est pas au marché.

Andrea regarda Claudia et lui murmura :

– C'est toi qui l'as pris ?

– Quoi ?

– L'album de 1982.

Claudia la regarda avec compassion.

– Margheri ! Adami ! Ça suffit ou je vous interroge tout de suite ! brailla à nouveau sœur Giuseppa et plus personne n'osa souffler mot jusqu'à la fin du cours.

Une fois celui-ci terminé, Andrea s'était précipitée sur Claudia afin de lui demander des comptes.

– Claudia, dis-moi la vérité. C'est toi qui l'as pris ? Rends-le-moi, je t'en prie !

– Zut ! qu'est-ce que tu peux être ennuyeuse. Je t'ai dit que non.

– Alors tu sais qui me l'a pris ? S'il te plaît, dis-moi qui c'est !!!

– Je suis pas une cafteuse, moi ! rétorqua Claudia indignée.

– Tu as bien raison, parce que si je chope celle qui a fait ça, elle n'aura plus envie de le refaire !

Claudia la regarda stupéfaite.

– Quoi ?

Andrea lui rendit son regard et répéta :

– J'ai dit que si je chopais la responsable, je lui règle son compte.

Elle ne plaisantait pas. Claudia fut impressionnée.

Andrea avait envie de pleurer, mais elle ne voulait donner à personne la satisfaction de la voir les larmes aux yeux. Elle voulait surtout dire deux mots à celle qui s'était permis de lui prendre son Panini.

Elle faillit en dire plus de deux quand sœur Giuseppa fit irruption en classe d'histoire avec dans une main l'oreille de Claudia et dans l'autre le Panini de 1982. Andrea ne put réprimer un petit cri de surprise qui passa inaperçu dans le brouhaha général généré par cette entrée intempestive.

Claudia avait les larmes aux yeux, et ceux de Giuseppa lançaient des éclairs. Elle agitait l'album Panini devant les enfants médusés.

– Ça vous semble normal, je dis normal que dans une institution comme la nôtre on puisse trouver des choses comme celles-ci ?

Elle tendit le classeur à sœur Leona, la prof d'histoire, afin qu'elle puisse se faire une idée de l'étendue du préjudice. Celle-ci l'ouvrit et ne put réprimer un mouvement de recul à la vue de tous ces hommes en shorts scrupuleusement alignés comme à la parade. L'effet de surprise passé, ainsi que la rougeur soudaine qui s'était emparée de ses joues, sœur Leona se permit de tourner quelques pages, peut-être dans le but d'entreprendre une étude comparative des différents spécimens masculins représentés dans cet étonnant ouvrage. Sœur Giuseppa la rappela à l'ordre en enchaînant :

– Naturellement non, ce n'est pas normal !

Sœur Leona referma promptement l'album. Clac.

– J'ai surpris Mlle Adami en train de consulter cette chose. Se refusant à me dire qui l'a introduite dans notre établissement, je la tiens pour unique responsable de cette pollution préjudiciable à l'ensemble des valeurs qui régissent Santa Lucia. Jeunes filles, il est de notre devoir de vous avertir des dangers qui vous guettent sous les apparences trompeuses d'un sportif, fût-il de haut niveau. N'est-ce, pas sœur Leona ?

– Absolument, sœur Giusep*pan*. Euh…

Et toute la classe de rigoler, sauf Claudia qui commençait à avoir mal à l'oreille et Andrea qui n'appréciait pas qu'on traite son Panini de la sorte. Mais elle avait noté que Claudia, dont le rouge à lèvres avait pris un sérieux coup de calcaire, ne l'avait pas dénoncée. Elle lui en fut immédiatement reconnaissante, malgré le vol dont elle s'était montrée coupable. Imperturbable, sœur Giuseppa continuait sur sa lancée, sœur Giuseppa aimait faire des phrases, sœur Giuseppa aurait adoré être avocate, femme politique ou grand inquisiteur avec un petit faible pour cette dernière fonction :

– Je me vois donc dans l'obligation d'exclure pour trois jours votre camarade afin de lui passer le goût de se repaître des images vulgaires, à la limite de l'obscénité la plus méprisable, contenues dans cet immonde torchon.

C'en était trop pour Andrea.

– C'est pas vrai, sœur ! C'est pas un immonde torchon, c'est mon Panini 1982 et c'est ma maman qui me l'a offert. Et puis d'abord c'est pas à Adami, c'est mon Panini. Lâchez l'oreille d'Adami et rendez-moi mon Panini !

C'était sorti comme ça, d'un coup, sans prévenir, d'une voix claire et nette, sans trembler, le regard droit et la tête bien campée, avec cette attitude étrangement sereine et détachée des gens qui sont dans leur bon droit. Plus personne ne rigolait. Déstabilisée par cette intervention, la sœur oublia le lobe de Claudia qui put s'écarter d'un pas.

– Qu'as-tu dit, Margheri ?

– J'ai dit que ça, c'est mon album !

Personne n'osait souffler mot. Rachele s'arrêta net de mastiquer sa barre chocolatée.

Au loin, on entendait le bruit d'une perceuse en marche.

– Ton album, hein, Margheri ?

– Oui… j'en ai deux autres, je les collectionne depuis des années, depuis que je suis petite fille.

– Bien sûr, je vois, je vois… maintenant tu es une vraie adulte.

– Je peux le réavoir, sœur Giuseppa ?

– Margheri, tu ne te rends peut-être pas compte de la gravité de ce que tu as fait. Je me demande ce qu'on t'apprend chez toi ! À faire collection d'hommes nus ?

À cette évocation, la classe pouffa comme une seule petite fille, il fallut taper dans le dos de Rachele pour éviter qu'elle ne s'étouffe, elle avait avalé d'un coup sa barre chocolatée.

– Margheri, je vais devoir convoquer tes parents ! Adami, retourne à ta place et restes-y en te concentrant sur le tableau noir et rien d'autre !

Sur ces mots, sœur Giuseppa fit une fausse sortie, elle avait oublié l'objet du délit, « l'album 1982 », sur le bureau de la prof d'histoire. Elle s'en saisit et quitta définitivement la salle.

Les yeux d'Andrea s'emplirent de désespoir, son album était tombé dans des mains ennemies. Peut-être ne le reverrait-elle jamais…

Claudia, assise à côté, voulut la réconforter. Andrea la repoussa violemment.

– Pourquoi tu me l'as piqué ?

– Excuse-moi, c'était bête. En tout cas merci de t'être dénoncée.

– Ouais… Merci de pas m'avoir dénoncée.

– Je t'ai dit que j'étais pas une cafteuse, je peux pas les pifer les cafteuses.

– Mais quand même.

Andrea fit mine de s'intéresser au cours de sœur Leona qui traitait d'un certain Judas Iscariote. Elle angoissait sec sur la suite de l'affaire Panini et sur la réaction de sa mère.

Claudia revint à la charge.

– Je suis d'accord avec toi… Ça a l'air cool, le foot.

Cette petite phrase redonna de l'espoir à Andrea, il semblait qu'elle ait trouvé une alliée, une amie peut-être. Claudia ajouta en chuchotant :

– Et puis, on a les mêmes goûts… Walter Zenga c'est vraiment un des plus mignons !

Maman est allée parler avec sœur Giuseppa. Je pensais qu'elle se serait fâchée avec moi, mais elle m'a dit qu'elle s'est fâchée avec sœur Giuseppa parce qu'elle lui a dit « je peux et je sais éduquer ma fille toute seule » Elle a aussi dit que les sœurs devraient être tolérantes et comprendre les caprices d'une jeune fille. Que l'album Panini c'est une passion innocente et que ça me passera.

Maman a dit ça à sœur Giuseppa mais je ne suis pas d'accord avec maman : ça ne me passera pas. Heureusement, elle a réussi à se faire redonner l'album. À vrai dire ils m'ont renvoyé aussi pendant un jour, et Claudia aussi. La sœur dit qu'au moins, on n'oubliera plus le péché que nous avons commis. Je ne comprends pas très bien sœur Giuseppa : mais quel péché ? Ça lui ferait du bien de collectionner des images, comme ça, elle sourirait de temps en temps, vu qu'elle est toujours fâchée.

Mais de toute façon je n'emmènerai plus les albums Panini à l'école, quand je serai plus grande je les mettrai à la banque. Je voulais les mettre tout de suite mais maman m'a dit qu'on ne peut pas.

À la banque, on met l'argent et les choses précieuses et moi je lui ai répondu que les albums sont pour moi des choses précieuses. Mais il semble vraiment qu'il n'y ait rien à faire. Avec Claudia maintenant nous étudions presque tous les jours ensemble et nous rentrons à la maison ensemble.

Maintenant c'est vraiment ma meilleure amie, même si elle aime Tom Cruise et qu'elle ne comprend vraiment rien au foot.

La tifosa

Andrea était aussi brune que Claudia était blonde. L'une était plutôt filiforme, tout en nerfs, l'autre était toute en sensualité. Les deux étaient dotées d'un quant à soi bien à elles qu'elles confrontaient sans agressivité puisque leur domaine de prédilection particulier n'entrait jamais en compétition. En gros, pour Andrea c'était le foot, et pour Claudia c'était les garçons.

Claudia avait la chance d'être née dans une famille aisée, mais de parents divorcés. Elle ne voyait son père qu'une fois par mois, et encore. Ce qui rapprochait inconsciemment les deux jeunes filles bien qu'elles n'en parlassent jamais.

Elles allaient souvent l'une chez l'autre afin de mieux étudier. C'était la version officielle. Quand Claudia venait passer la nuit chez Andrea, celle-ci lui faisait tous ses devoirs et lui donnait la solution à ses problèmes… d'algèbre. En échange, les soirs de match, Andrea passait la nuit chez sa copine. C'était le *deal*.

Andrea était toujours interdite de foot chez elle. Sa mère se demandait sans cesse : « Mais quelle faute ai-je bien pu commettre pour qu'Andrea parle surface de réparation là où n'importe quelle fille de son âge parle premier baiser ? » Roberta n'acceptait pas que sa fille regarde en cachette au fond de son lit ses absurdes albums Panini comme s'il s'agissait de revues pornos. Si au moins c'était le cas !

La mère de Claudia, Eleonora Adami, passait tout à sa fille. Même de regarder des matchs de foot avec sa copine Andrea ! C'est dire…

C'est ainsi qu'Andrea ne loupa aucun match retransmis à la télé et que Roberta n'en sut jamais rien.

Assurée d'avoir ses devoirs pour le lendemain faits, Claudia acceptait sans renâcler d'assister à une de ces rencontres que son esprit formaté « nana » jugeait assommantes. Elle se faisait son petit championnat à elle avec classement du plus beau joueur au plus moche. À la demande expresse de sa copine, Claudia avait renoncé à émettre tout commentaire sur les coupes de cheveux des sportifs ou sur les vedettes qui assistaient au match. Elle portait un casque de baladeur et pouvait chantonner en sourdine les tubes de ses chanteurs favoris. Ce qui agaçait forcément Andrea.

Elle avait renoncé depuis longtemps à partager son savoir footballistique avec Claudia. En revanche, tout ce qui parasitait son plaisir la rendait folle de rage. Sur le sujet, Andrea n'avait aucune forme d'humour. Pire qu'un supporter avec sa canette de bière.

Comme toute bonne obsessionnelle qui se respecte, non contente de collectionner les Panini et autres fiches, listes, photos et autocollants, elle prenait scrupuleusement des notes sur les matchs dont elle pouvait voir la retransmission, genre *« Paolo Maldini est un défenseur qui joue très bien »*. Que son sens du perfectionnisme changeait par un scintillant : *« Jeu net, ses anticipations ont un sens de l'opportunisme extraordinaire : impeccable. »* Analyse dont elle n'était pas peu fière…

Mais la télévision et la lecture intensive de tout ce qui touchait à la planète foot laissaient un petit goût d'inachevé chez Andrea. Elle allait atteindre ses quatorze ans, et elle n'avait toujours pas assisté à un match. En vrai.

Pour Roberta, il était hors de question qu'une fille de treize ans se balade dans les travées d'un stade. Et pourquoi pas boire une bière et chanter des inepties guerrières bras dessus bras dessous avec une bande de joufflus avinés ? Hein ? Et pourquoi pas visiter les catacombes à 4 heures du matin en bikini et à la lampe torche, hein ?

Match nul

– Maman, ce matin, l'école a organisé une visite des catacombes, on sera de retour à l'heure du déjeuner.

Roberta n'avait pas émis d'objection. 8 heures du matin, elle dormait. Elle était totalement absorbée par le montage de *Pure est l'arbalète*, un film fauché d'auteur d'un certain Vittorio Del Mollo dont le titre indiquait l'ambition esthétique : perchée et furieusement hermétique. Pour l'instant, le film que se visionnait Roberta s'appelait « Catacombes ou pas, je dors ». C'était un bon titre pour le dimanche.

Deux minutes vingt-trois secondes plus tard Andrea était au stade. Bon, d'accord, c'était « seulement » le stade du Villari, ce n'était ni le Maracanà, ni le San Siro, ni le stadio Olimpico : mais c'était un début et elle n'était pas mécontente d'avoir osé raconter un bobard à sa mère. Claudia était dans la confidence, il n'y aurait donc pas de problèmes de ce côté-là. Quant aux résidents des catacombes, ils seraient muets comme des tombes !

Les matchs se jouaient le dimanche matin à 10 h 30. Andrea s'était informée auprès de Enrico, le voisin aux yeux globuleux qui lui avait jadis cassé sa poupée : le billet pour entrer coûtait 1 000 lires, mais c'était gratuit pour les moins de seize ans.

Il y avait des supporters du Villari, quelques-uns avec l'écharpe verte aux couleurs du club, et ceux du Papilii avec des écharpes blanches, qui commençaient à arriver. Certains s'étaient déjà installés dans la grande tribune : elle pouvait contenir presque huit cents personnes et les gradins se remplissaient à vue d'œil. De l'autre côté du terrain, il y en avait une beaucoup plus petite qui contenait à peine une cinquantaine de personnes. Andrea sut plus tard qu'il s'agissait de la tribune réservée aux dirigeants des deux équipes. Juste à côté, sur le toit de la buvette, un petit tableau en bois, écrit à la main, indiquait : CAFFÈ E PANINI.

Elle se chercha une place dans les travées de la tribune principale. Habillée en jeans, ses cheveux courts recouverts d'un bonnet, elle n'attirait pas l'attention ; de loin on pouvait même la confondre avec un garçon. Les deux formations entrèrent sur le terrain, provoquant des salves d'applaudissements et d'encouragements. Tout le monde s'était levé et Andrea dut se lever aussi, sous peine de ne rien voir du tout.

Quand l'arbitre tout de noir vêtu siffla le début de la rencontre, elle s'aperçut que les deux types qui venaient de s'asseoir devant elle devaient faire dans les cent kilos et mesurer dans les deux mètres. Elle ne voyait rien.

Les spectateurs haranguaient leurs joueurs et sifflaient les adversaires, les gestes des mains et des bras étaient pour le moins démonstratifs et, si d'aventure, quelqu'un tentait de passer entre les rangées, c'était au risque de se prendre une mandale ou un bourre-pif involontaire. Elle décida donc de ne pas bouger de sa place.

Chacun y allait de son analyse. Elle s'aperçut qu'une foule d'amateurs de foot était formée d'une foule égale de spécialistes avérés. Elle trouvait ça génial, mais vitupérait intérieurement contre les deux gros lards qui l'empêchaient de se faire son idée personnelle de la rencontre. D'après l'exclamation de dépit des spectateurs qui s'étaient dressés sur leurs jambes comme une armée de ressorts, « hoooooo », le Villari avait failli *« planter »* ; elle nota l'expression dans son petit carnet, à la vingt-quatrième minute. Autrement, rien à signaler.

Elle profita de la mi-temps et de la ruée vers la petite guinguette pour se mettre au premier rang. Au moins, personne ne l'empêcherait de suivre la fin du match.

Croyant être enfin en mesure d'assister à la fin de la rencontre dans des conditions optimales, Andrea comprit presque immédiatement qu'elle avait fait une erreur. Le premier rang au niveau des joueurs n'était pas le meilleur endroit pour avoir une bonne vision du jeu, au contraire. Elle ne voyait rien de ce qui se passait à droite et à gauche du terrain, aux endroits clés d'un terrain de football, les buts.

Le public derrière et autour d'elle poussait son équipe avec force cris et slogans. Les gens hurlaient, les joueurs haletaient, l'arbitre s'époumonait dans son sifflet, et le soleil de ce mois d'octobre tapait de plus en plus, donnant l'impression de chauffer à blanc l'enceinte du petit stade. Andrea s'était vite laissé emporter par la vague des *tifosi* du Villari et elle reprenait de toutes ses forces les slogans qu'ils scandaient. « Villari, Villari, Villari !!! » ; « *Daje, Villari* » ; « *Forza Villari* », etc.

On était à dix minutes du coup de sifflet final et on s'acheminait vers un score nul, quand l'arbitre siffla un penalty pour une faute « imaginaire » d'après les supporters du Villari, un « attentat » selon ceux du Papilii. L'action était pratiquement hors de vue d'Andrea qui, comme les autres spectateurs, s'était levée d'un bond. Dans la réalité, elle se rendit compte qu'il n'y avait pas de ralenti comme à la télé. Au contraire tout s'accéléra.

L'atmosphère délétère qui polluait le match dégénéra d'un coup. Andrea vit devant elle un jeune garçon à l'air agressif frapper un homme qui avait une écharpe d'autre couleur que la sienne. Ce fut le signal d'une bagarre générale.

Les joueurs sur le terrain commencèrent à s'en donner à cœur joie, l'arbitre était dépassé.

La tranquille matinée de football était en train de virer au cauchemar. Maintenant, Andrea était vraiment terrorisée : pour atteindre la sortie, elle devait traverser toute la tribune, où deux groupes de supporters étaient en train de s'affronter. Elle était prise en sandwich entre la tribune et les joueurs.

Dans la cohue, Andrea avait perdu son bonnet : maintenant on voyait clairement ses beaux yeux gris pleins de peur et d'incrédulité, elle n'arrivait pas à comprendre comment tout cela était possible.

Quelqu'un avait dû appeler la police : de loin, on entendait les sirènes et cela alarma encore plus Andrea. Il ne manquerait plus que la police l'arrête. Elle imaginait déjà sa mère s'entendre dire au téléphone : « Allô, Madame ? On a arrêté votre fille. Non, elle n'était pas aux catacombes, elle était en train de regarder un match au stade du Villari. »

C'est ce qui la décida à se sortir de ce traquenard. Personne ne faisait attention à elle, trop occupé à échanger des coups. Beaucoup de gens étaient partis et sur le terrain les joueurs s'étaient calmés, tentant d'enrayer la folie qui s'était emparée de la tribune principale. Le portail du Villari avait été ouvert en grand et Andrea réussit finalement à sortir.

Il ne lui fallut pas plus de cinq minutes pour être chez elle, encore choquée. Il était midi et quart et Roberta dormait encore. En marchant sur la pointe des pieds, elle réussit à arriver à la salle de bains où elle s'enferma. Assise par terre, le dos appuyé à la baignoire, Andrea commença à pleurer en silence.

Ce n'était pas pour voir ça qu'elle était allée au stade. Ce n'était pas pour ça qu'elle se disputait depuis des années avec Roberta.

Peut-être devait-elle réviser toutes ses convictions sur le football. Peut-être qu'en fait Roberta avait raison, que Claudia avait raison, que tous ceux qui disaient que le foot n'était pas fait pour les femmes avaient raison.

Elle était dépitée et amère comme si elle avait subi une défaite. Elle se sentait trahie comme une amoureuse qui découvre qu'elle est trompée. Son père, Paolo Rossi, la Coupe du monde, les murs du Villari. Ce n'était pas comme ça que ça devait se passer. Ce n'était pas juste.

Elle se sentit physiquement mal. Jusque-là elle n'y avait pas fait attention, avec tout ce qui s'était passé. Mais maintenant elle ressentait de fortes douleurs au ventre qui augmentaient de minute en minute. Elle n'avait rien mangé, à part une brioche à 8 heures du matin, qui devait être maintenant plus qu'abondamment digérée. Que diable avait-elle ? Il manquait plus que ça. C'étaient d'étranges douleurs, inhabituelles. Soudain, elle eut un doute. Elle se rappela les mots de Claudia, quelques mois auparavant. Elle déboutonna son jeans et elle contrôla si ses doutes étaient justes. Ils l'étaient : elle était devenue une femme.

Alors elle recommença à pleurer avec plus de force. Elle ne voulait pas devenir adulte, elle voulait rester une fillette et croire à ses rêves, poursuivre ses passions et penser que tout était beau, que tout était juste. Au lieu de ça, elle avait eu une preuve évidente que ce n'était pas ainsi, que le monde pouvait être laid et injuste et elle n'avait pas envie de le découvrir, ni d'y entrer. Et pourtant, le destin avait choisi ce jour pour qu'elle devienne une femme, elle avait ses premières règles, le jour qui devait être le plus beau de sa vie de petite fille.

– Andrea ?

Roberta s'était réveillée.

– Oui, maman, je suis dans la salle de bains ! répondit Andrea, criant pour se faire entendre. Elle était encore secouée mais capable d'affronter sa mère qui, de toute façon, quand elle se réveillait, n'était pas d'humeur à faire de grands discours. Très bientôt, tout le monde sera au courant de la bagarre qui avait éclaté au Villari, dans le quartier on ne parlera de rien d'autre et ça allait même finir dans les journaux. Elle imaginait ce que sa mère allait dire :

– Qu'est-ce que je te dis toujours ? Le football, c'est ça.

Andrea sortit de la salle de bains, après s'être rafraîchi le visage, elle entra dans la chambre de sa mère. Elle allait tout pouvoir lui expliquer. De femme à femme.

Un footing fatal

Andrea s'arrêta. Elle regarda sa montre, ça faisait une demi-heure qu'elle courait et elle commençait à être fatiguée. Ses muscles lui faisaient mal mais pas assez pour ne pas faire un dernier tour.

Elle s'était mise au footing depuis presque un an.

Au moins, là elle ne devait affronter personne, elle ne devait convaincre personne et elle pouvait faire ce qu'elle voulait. Elle avait rayé le foot de sa vie. Terminé. Basta. Elle ne voulait plus en entendre parler, le Calcio et tout le tintouin ne la concernaient plus. C'était une décision qu'elle avait prise l'après-midi de ce dimanche maudit. Et elle faisait son possible pour la respecter.

Elle passait devant chez elle et, tout en entamant son cinquième tour du quartier, elle se remémora, pour la millième fois, cette horrible journée qui avait eu raison de sa passion.

Elle avait attendu que Roberta sorte pour aller travailler, puis elle avait sorti de l'armoire de sa chambre tous les albums Panini qu'elle avait précieusement et religieusement collectionnés et elle les avait déchirés consciencieusement, page après page.

Une fois qu'elle les eut réduits en un tas de gros confettis, elle était allée prendre un sac à ordures dans la cuisine et les y avait enfournés.

Le bruit sourd de la poubelle qui se refermait se réverbéra dans la cour de l'immeuble comme les portes des caveaux dans les films de la Hammer[5]. Elle avait eu un moment d'hésitation avant de déchirer les photos de Paolo Rossi. Où était-il, son papa, quand sa fille avait besoin de lui ? C'était pourtant son rôle de la protéger, non ? Poubelle, caveau, Hammer.

À la piazza Nicola Longobardi, deux voisins de la Garbatella la croisèrent.

– *Ciao alla più bella !* lui lança l'un deux.

Elle lui répondit d'un très léger signe de la main et continua son chemin sans ralentir ni accélérer sa foulée. C'est ce que lui avait conseillé de faire Claudia : « Quand un homme te drague, surtout tu ne lui réponds pas. Mais tu te braques pas non plus. Distante mais sympa. »

La rue Giovanni Ansaldo qu'elle avait l'habitude d'emprunter était en travaux. Afin d'éviter de se tordre les pieds sur les pavés disjoints comme aux tours précédents, Andrea bifurqua par la rue Carlo Randaccio. Elle passait chaque jour devant la « Cesare Battisti », mais l'idée de revoir son ancienne école ne lui déplut pas.

5. Société de production anglaise, célèbre pour ses séries B d'épouvante.

Deux mois plus tôt, Andrea et Claudia, qui avaient quatorze ans, étaient entrées au lycée classique Virgilio. Par chance et avec l'insistance pugnace de leurs mères respectives, elles purent rester dans la même classe.

Andrea avait conscience que le football tapait sans arrêt à la porte de sa caboche, mignonne au demeurant. Petit à petit, elle ne put s'empêcher d'écouter les résultats du Calcio quand ils étaient retransmis à la radio. Quelquefois, elle feignait de ne pas relever quand des garçons de sa classe parlaient de tel ou tel match, il fallait qu'elle se pince les lèvres pour ne pas intervenir.

Pire : à certains moments de nostalgie, elle ne voulait pas se l'avouer, mais elle regrettait amèrement s'être débarrassée de ses Panini… Elle en rêvait. Elle était en manque.

Les premières gouttes de pluie commencèrent à s'écraser au sol dans des claquements mats. Les nuages qui s'amoncelaient au-dessus de la Garbatella présageaient d'un gros orage. Andrea accéléra la cadence. La pluie, qui pour l'instant n'était pas forte, la rafraîchissait. C'était agréable.

Andrea passa rue delle Sette Chiese, juste en face de chez Claudia. Elle hésita à s'arrêter pour trouver refuge chez son amie avant que l'orage n'éclate, mais elle se souvint qu'elle devait être avec Rigoberto. Sa mère était absente et c'était l'occasion rêvée pour Claudia d'expérimenter les tas de choses dont elle parlait sans arrêt mais qu'elle n'avait pas encore faites…

Andrea avait pris l'habitude d'aller presque tous les jours chez Claudia, elles faisaient vite leurs devoirs et sortaient retrouver leurs copains dans un des petits jardins qui faisaient le charme de la Garbatella. Claudia s'était entichée d'un jeune homme à l'air niais, un certain Rigoberto. Andrea l'appelait « corner » à cause de son regard en coin…

Andrea, elle, ne tombait « amoureuse » de personne. Elle aimait danser dans les boums, mais elle détestait les slows avec les gros lourds qui se sentaient obligés de se coller à elle en la fixant de leur regard mouillé. Elle se méfiait des hommes depuis les scènes de violence dont elle avait été témoin au Villari. Elle les trouvait immatures et peu fiables. « Immatures et peu fiables », c'est exactement ce que lui disait sa mère quand elle lui parlait des hommes en général et de son papa en particulier. Son père dont l'image semblait être irrémédiablement associée à cet été 1982 où l'Italie avait gagné la Coupe du monde.

« Ça ne m'intéresse pas, je ne veux plus y penser », se répéta pour la énième fois Andrea, en se dirigeant chez elle. Elle allait se préparer un milk-shake costaud avant le dîner. Ce soir, sa mère était invitée au théâtre par Del Mollo. Andrea savait qu'il y avait un match de la Coupe des clubs champions, ce soir à la télé. Elle aurait pu le regarder sans problème. Il y a un an encore, elle aurait exulté à cette idée, sa joie aurait été sans limites. « Je vais regarder *Out of Africa*. Ça m'étonnerait que ça cause de foot. Non, plus de foot. Même en pensée. »

C'est pile à ce moment-là qu'elle longea le mur du Villari toujours couvert de graffitis : *« Forza Cagliari, daje*

Roma, abbasso Juve, ciao Napoli, siamo i più forti, Villari facci sognare, Linda ti amo. » C'est aussi pile à ce moment que le temps donna un sérieux coup de pouce au destin en déversant un déluge sur Andrea, bien obligée de trouver un abri. La porte était entrebâillée, elle entra.

Le gros

À l'intérieur, y avait une sorte de marquise sous laquelle elle put se réfugier. La pluie tombait sans interruption, le stade était vide. Personne. Le vent violent mettait à rude épreuve les drapeaux de corner aux quatre coins du terrain de foot.

Il y avait une odeur de terre mouillée ; elle inspira profondément. Elle ferma les yeux et imagina de nouveau les bruits d'un match de football : elle avait l'impression de se sentir chez elle, elle se sentait bien, là.

– Eh bien qu'est-ce que tu fais ici ma cocotte, il n'y a pas entraînement aujourd'hui !

Elle sursauta et regarda le géant qui lui faisait face.

– D'abord, je ne suis pas votre cocotte.

Il lui tendit la main dans un énorme éclat de rire :

– Alessio Rosari, président du Villari.

Andrea le regarda avec intérêt : c'était la première fois qu'elle avait l'occasion de voir de près Rosari, dont elle avait beaucoup entendu parler dans le quartier. Il était complètement chauve et son gros visage jovial donnait l'impression d'être une mappemonde. Il était très grand et il devait sûrement peser plus de cent kilos. Il était vieux. Dans les cinquante ans, facile.

– Mademoiselle ?

– Andrea, Andrea Margheri.

– Eh bien, Mademoiselle Margheri, que nous vaut le plaisir de votre visite ?

– La pluie.

La sonnerie d'un téléphone retentit de l'intérieur du bâtiment.

– Évidemment, la pluie… Suis-moi, je ne suis pas un monstre, je ne vais pas laisser une jeune fille mourir de pneumonie.

Comme Andrea restait interdite, Rosari désigna le portail entrouvert.

– Tu te décides ? Il faut que je ferme cette porte.

Andrea ne se décidant pas, Rosari referma le portail et la laissa sur place, s'engouffrant dans les bureaux afin de décrocher le téléphone.

Penaude, après mûre réflexion, Andrea lui emboîta le pas. Elle eut l'impression d'entrer dans l'antre même du diable.

Le couloir aurait eu besoin d'un bon coup de peinture. Entre deux portes, il y avait un vieux canapé en bambou qui avait dû connaître des jours meilleurs : trois coussins rouges faisaient de leur mieux pour en cacher la vétusté.

Le bureau du président avait moins « vécu » : il y avait un beau bureau large avec une machine à écrire sur le côté, deux petits fauteuils, une armoire et une étagère pleines de documents. Les murs débordaient de fanions de toutes les équipes de série A, B, C et Amateurs. Ça ressemblait à un énorme patchwork de couleurs. Dans une vitrine étaient exposés des trophées et des coupes.

Pour quelqu'un qui s'était juré de ne plus repiquer au football, c'était réussi ! Andrea était fascinée, ce qui ne l'empêchait pas de commencer à avoir froid. Rosari, assis derrière son bureau, lui indiqua du menton un radiateur où elle pourrait se réchauffer, il était en pleine conversation téléphonique.

– Oui… Oui… Oui…

Andrea se demandait bien ce qu'elle faisait là.

– Oui… NON ! ET NON !!!

Ça se corsait.

– BORDEL DE BORDEL DE BORDEL !!! J'AI DIT NON !!! ET QUAND JE DIS NON, C'EST NON.

C'était la première fois qu'Andrea entendait dire non de cette manière.

– Jamais je ne vendrai ce club, tu comprends : jamais !!! Va te faire…

Andrea se concentra sur une écharpe verte sur laquelle était brodée « Allez le Villari ! », elle évita ainsi d'écouter la longue liste de ce que l'interlocuteur de Rosari devait se faire faire. Quand il eut terminé, le président sembla retrouver son calme.

– Mais non, je ne m'énerve pas… On discute, c'est tout… Qu'est-ce que tu veux… On peut pas se payer un… Comment il s'appelle, le milieu de terrain ? Giuseppe… Giuseppe…

– Giannini. Giuseppe Giannini, souffla Andrea.

Surpris, Rosari la considéra d'un œil rond. Il avait totalement oublié sa présence.

– C'est ça. Giannini. Même sa photo, j'ai pas de quoi la payer. J'ai déjà pas un rond pour faire réparer les tribunes depuis l'année dernière alors… Ouais… Ouais… Oui, je t'ai dit oui !!! Oui !!!

Aïe, le ton montait… Andrea se demanda s'il fallait qu'elle se bouche les oreilles.

– Non. Non je ne m'énerve pas. Allez ciao, je suis en rendez-vous, là…

Il raccrocha et s'adressa à Andrea, l'œil torve :

– Il croit quoi, lui ? Hein ?!!!

Andrea fut bien en peine de lui répondre. Sans savoir pourquoi elle le trouvait sympathique, le vieux gros.

– Tu connais Giannini, toi ?

– Oui.

– C'est ton père qui est supporter de la Roma ?

– Non.

– T'es vachement loquace, toi. Bon et qu'est-ce qui t'amène déjà ?

– Ben la pluie…

– La pluie ? Ah oui !!! Tu sais… être président d'un club comme le Villari, ça n'arrange pas les neurones… C'est toi, alors, qui supportes la Roma ?

– Non.

– Ah… Et tu connais Giannini… Parce qu'il est mignon ?

– Non. C'est parce qu'il a une vision remarquable du jeu. C'est tout.

– C'est tout… Comment tu t'appelles déjà ?

– Andrea. Andrea Margheri.

Il nota le nom sur un coin de son agenda.

– Et donc toi, Margheri, tu aimes le foot et le footing, c'est ça ?

– Non. Oui.

– Tu as les idées aussi claires que tu es loquace… Bon… Où fais-tu ton footing ?

– Dans le quartier. J'habite pas loin d'ici.

– Je sais pas pourquoi, Margheri, mais tu me plais. J'ai pas trop de temps à te consacrer là, il faut que j'appelle tout un tas d'emmerdeurs pour quémander trois lires pour sauver le Villari. Mais reviens quand tu veux. Tu peux venir faire ton jogging sur la piste autour du terrain de foot. J'avertirai Danilo, le gars qui s'occupe de l'équipement, s'il te demande quoi que ce soit, tu lui dis que c'est le gros Rosari qui t'a donné la permission. D'accord ?

– Heu…

– Oui, « le gros Rosari ». Tu sais, j'ai beau avoir l'air un peu neuneu, je sais lire dans les yeux des gens. Et dans tes yeux je lis plein de choses sympathiques… et je lis que je suis gros. Une seule chose : tes parents seront d'accord si tu viens ici pour ton footing ?

– Bien sûr. Ma mère adore le sport.

La sonnerie du téléphone l'interrompit. Rosari décrocha tout en mettant sa main sur le combiné, en lui faisant un clin d'œil.

– Gros mais pas mort ! Ciao, Margheri. Ferme le portail derrière toi…

Ce que fit Andrea. Le soleil resplendissait, faisant scintiller les gouttelettes de pluie partout alentour. Andrea rigola toute seule. Elle courut jusqu'au 2 via Magnaghi comme sur un nuage. Elle venait de rencontrer le premier homme vraiment cool de sa vie, un vieux qui ne la prenait pas pour une gamine !!! Et il était président d'un club de foot !!!

Arrivée chez elle, elle se prépara un méga-milkshake, s'installa devant le téléviseur et attendit que le match Juventus-PSG de la coupe UEFA, veuille bien commencer.

Croisements

– Eh bien… Ça y est !

– Non ?!!!!! Quand est-ce que tu l'as fait ?

– Ben hier, quand il pleuvait. Tu sais, je t'ai dit qu'il venait chez moi.

– C'était comment ?

– Gé-nial !

– Longtemps ?

– Ben, tout l'après-midi quand même.

– Et ta mère ?

– Je te raconte pas, elle a failli nous surprendre. Je l'avais complètement zappée.

– Et tu l'as refait depuis ?

– Depuis hier ? Ben non, t'es marrante, toi ! Faut vraiment que tu le fasses, Andrea, c'est trop cool.

– Beurk. Et avec qui, d'abord ?

– Ben, je sais pas ! Y en a plein ! Mais pas touche à Rigo, hein !!! Il est à moi.

– « Corner » ? Je te le laisse.

– Tu dis ça parce que tu es jalouse.

– Pas du tout, mais alors pas du tout !!!

– Si. Tu sais pas ce que tu loupes, ma vieille !

Alors qu'elle tournait depuis un quart d'heure autour du terrain de foot du Villari, Andrea se remémorait la très longue conversation téléphonique qu'elle venait d'avoir avec Claudia.

Non, Andrea ne savait pas ce qu'elle loupait. Elle était simplement contente que sa meilleure amie soit arrivée à ses fins. Elle avait enfin embrassé un garçon sur la bouche avec la langue et tout et tout. Re-beurk. À petites foulées, elle se demandait qui elle aurait bien embrassé. Pas Rigoberto, en tout cas.

Un coup de sifflet strident la sortit de ses pensées. Une quinzaine d'ados venaient d'investir la pelouse au centre de la piste d'athlétisme. Le type au sifflet, la trentaine, qui semblait les diriger, portait un survêtement vert, la couleur du Villari. Surprise, Andrea faillit s'étaler dans une flaque d'eau qui traversait les couloirs.

Ça devait être l'entraînement de l'équipe junior qui débutait. C'est ce que lui avait dit Danilo, l'homme à tout faire du Villari, quand elle s'était présentée une heure avant. Elle n'avait pas osé dire « je viens de la part du *gros Rosari* », comme le lui avait dit l'intéressé. Elle avait timidement mentionné « M. Villari » et Danilo l'avait regardée interrogatif : « Tu veux dire le gros ? »

Elle avait piqué un fard. Et maintenant, elle s'efforçait de garder la tête bien droite en courant pour ne pas dévisager les nouveaux venus.

Ceux-ci mettaient un temps infini à sortir les ballons des sacs, à placer les plots à terre pour les exercices de conduite de balle, à tracer des marques au sol, ils avaient le nez en l'air, les yeux braqués sur la fille qui courait autour d'eux. L'entraîneur les rappela à l'ordre. Ils commencèrent par des échauffements et un petit footing en groupe. Dans le sens inverse de celui suivi par Andrea.

Ils se croisèrent pile à l'emplacement de la mare, Andrea fut si éclaboussée que son beau short rose sortit marron de la rencontre.

De rage et d'humiliation, elle prit directement la direction des vestiaires. Danilo, qui avait assisté à la scène, essaya de la consoler.

– Des vraies têtes de c… ces mômes… Faut les excuser, ils sont toujours pas sortis des jupes de maman.

Il se tenait toujours à la même place quand Andrea sortit du bâtiment, son sac de sport à la main.

–Viens à une autre heure si tu veux plus les voir, ma cocotte.

– Je ne suis pas ta cocotte.

Ça avait l'air d'être une habitude dans ce club de considérer n'importe quelle fille comme étant sa cocotte. Andrea était furieuse, mais quand elle vit la mine contrite de Danilo, elle se radoucit.

– Merci du tuyau quand même. Ciao.

Danilo la gratifia d'un petit salut de la main.

« Mais… elle m'a tutoyé… », se dit-il en refermant le portail, plutôt flatté.

Luigi

Andrea revint le lendemain et le surlendemain et les jours d'après. Elle avait avancé son footing d'une demi-heure de façon à être seule sur la piste. L'unique être vivant qu'elle voyait régulièrement était Danilo. Bien qu'il n'eût pas hérité d'un physique de père protecteur avec son mètre soixante et ses vingt ans de cigarettes Diana, sa présence la rassurait. Chaque jour ils échangeaient quelques mots. Andrea n'avait pas revu Rosari depuis ce qu'elle appelait en riant son « footing fatal ».

Elle se sentait mieux dans sa peau, elle était retournée à ses petits rituels de *tifosa* appliquée : les magazines, les classements, les matchs chez Claudia. Ça lui convenait parfaitement et elle se fichait des attitudes outragées de sa mère. Elle avait quatorze ans, toutes ses dents et plutôt des bonnes notes au lycée, alors ?

– Danilo, mais le président qu'est-ce qu'il fait, mis à part le président, je veux dire ?

– Le gros ? Il est entrepreneur. Le siège est à Naples, c'est pour ça qu'il est souvent absent. Mais il ne reste jamais trop longtemps loin de Rome et du Villari, ce club est pour lui un morceau de son cœur.

C'était un discours extraordinairement long pour Danilo, un signe de l'attachement qu'il commençait à éprouver pour Andrea.

– Et toi, tu es marié ?

– Moi ? Oui, avec le Villari.

Ça l'éclatait, Andrea, l'idée qu'on puisse se marier à un club de foot. En même temps, elle ne pouvait s'empêcher de plaindre Danilo. En fait, il fallait vraiment être tout seul pour faire un truc pareil… Quand elle y pensait vraiment, ça la déprimait.

Andrea en eut vite assez de courir seule autour d'un rectangle d'herbe rase. En décalant ses horaires, elle put revoir l'équipe des juniors. Les jours d'entraînement, c'est-à-dire trois par semaine, les garçons lui adressaient des petits signes de la main, un petit « bonjour » de temps en temps, se poussant du coude pour savoir qui l'aborderait en premier. Consciente du franc succès que sa prestation en short remportait, Andrea n'en continuait pas moins à tourner et tourner autour d'eux sans leur concéder la moindre ouverture mais sans non plus se fermer comme une huître. « Distante mais sympa. »

Andrea comprit tout de suite que l'entraîneur la détestait, elle perturbait ses poulains jusqu'à leur faire louper des passes ou oublier carrément le ballon. Il alla se plaindre auprès de Danilo qui lui fit remarquer que d'une part « la petite en short » dont il parlait était une protégée du gros et que d'autre part, si son équipe de bras cassés se laissait distraire par ladite « petite » qu'est-ce que ce serait pendant un match avec les supportrices dans les tribunes. L'entraîneur se mit à détester Danilo. Petit à petit les choses rentrèrent dans l'ordre et chacun s'ignora consciencieusement du mieux qu'il pouvait.

Son footing terminé, après s'être changée, Andrea ne résistait pas à l'envie de s'installer dans la tribune pour suivre un moment les matchs « attaque, défense » que se livraient les jeunes sportifs. Pour le coup, ça leur donnait une raison de briller, aux « bras cassés ». Ils avaient un public, et pas n'importe lequel. L'air de rien, chacun essayait de prendre la vedette en tentant des gestes techniques de haute volée. La plupart du temps, c'était loupé. Encore une fois, ça foutait en rogne l'entraîneur qui aurait souhaité un peu plus d'esprit collectif. Andrea se contentait de prendre quelques notes sur son carnet.

C'est drôle les garçons, ils bombent le torse, ils essaient de faire des bicyclettes, des retournés acrobatiques et ils sont pas fichus de marquer un but. Il y en a plusieurs qui me draguent. Pour m'embrasser sur la bouche sûrement. Beurk. À chaque fois qu'ils veulent me dire un truc, c'est pour se rendre intéressants auprès des autres. Alors que le but c'est moi, non ?

Luigi sortait du lot. Elle l'avait repéré depuis le début. « *Mignon* », avait-elle écrit. Avec ses yeux verts et ses cheveux courts blonds et son physique de footballeur. Il avait été le seul à ne pas lui avoir fait une réflexion de plus ou moins bon goût, le seul à l'ignorer. « *Mignon et prétentieux* ». Elle connaissait son prénom parce qu'il était la vedette incontestée de l'équipe, une espèce de leader. Luigi était le buteur, il ne loupait jamais une occasion pour essayer de « planter ». Son modèle était Henrique dos Reis Moreira, un attaquant brésilien dont on attendait la venue en Italie.

Jamais il ne lui avait adressé un regard.

Une fois, il était venu chercher un ballon qui avait roulé jusqu'à elle alors qu'elle faisait des exercices d'étirement. Elle avait voulu s'en saisir pour le lui donner, mais il l'avait subtilisé de son pied droit et en quelques jongleries, sans que le ballon touche le sol il l'avait fait passer sur le front pour le faire rebondir deux trois fois et le récupérer dans les mains. Il n'avait pas quitté des yeux Andrea pendant cette démonstration de dextérité. Puis il était retourné rejoindre les autres, sans un mot, la gratifiant juste d'un petit éclair de suffisance. *« Mignon, prétentieux et très imbécile. Pour qui il se prend ? »*

– Pour le fils de son père, lui répondit Danilo quand elle lui posa la question.

– C'est le fils du gros. Intouchable. Il a du potentiel, mais il a aussi un sacré caractère. Il veut ressembler à Henrique, le Brésilien qu'on annonce à la Fiorentina. C'est un bon petit, un peu « pousse-toi de là que je m'y mette ». Mais c'est un standard chez vous, les mômes. Il te plaît hein ?

– Pas du tout. C'est pas mon type.

Et Danilo de partir dans un rire dégénérant rapidement en une monstrueuse quinte de toux.

– C'est pas mon type. Parce que tu as déjà un type, toi, ma cocotte ?!!!

Pour le coup, Andrea partit furax. Son type c'était… « heu… Paolo Rossi… Paolo Rossi… Andrea Carnevale, Gianluca Vialli… Bon c'est vrai ce sont tous des footballeurs… En tout cas c'est pas Dennis Roberti, la coqueluche de tout le lycée, ni Tom Cruise, ni… Rigoberto, ni… Del Mollo le metteur en scène de maman, ni Danilo évidemment, ni Enrico, le voisin aux yeux globuleux, ni Pietro, ni Angelo, ni Luigi. Alors lui, c'est pas du tout mon type.

Rigoberto, quant à lui, ne correspondait plus au type de Claudia. Elle l'avait largué après quelques semaines de *french kiss* intensif. Dès qu'elle l'avait séduit, il avait perdu de l'intérêt aux yeux de Claudia : et donc elle l'avait quitté, sans surprendre Andrea qui connaissait bien le comportement de sa copine.

Mais Claudia ne voulait pas rompre l'entraînement baiser et elle chercha un remplaçant. Elle le trouva en la personne d'Angelo qui n'avait d'angélique que son prénom, mais qui avait acquis une technique remarquable dans l'art d'embrasser les filles. Claudia apprit beaucoup. Andrea, elle, était bien obligée de reconnaître qu'elle restait, sur ce terrain en tout cas, une parfaite ignare.

La Coupe du monde du premier baiser

Bien que toute l'attention d'Andrea fût centrée sur la Coupe du monde de football que l'Italie organisait en cette année 1990, au grand désespoir de Roberta, cette lacune en matière de baiser la travaillait. Certes, elle était capable de vanter les mérites comparés de toutes les nations qualifiées pour la compétition, capable de citer la composition de la plupart des formations, mais sur le sujet délicat des garçons, elle restait d'une ignorance crasse. Ça l'agaçait, dans les deux sens du terme. Petit à petit, presque par hasard, Luigi avait pris l'habitude de raccompagner Andrea chez elle. Elle acceptait surtout parce qu'elle pouvait parler de foot avec lui : Luigi était resté épaté par l'érudition d'Andrea. Une fille pouvait lui citer le palmarès de l'équipe d'Italie depuis sa création ! Une fille ! Et elle connaissait Henrique ! Son modèle, son dieu !!!

Plus ils parlaient foot, plus ça devenait du respect et plus il respectait Andrea. Mais elle continuait à le trouver trop prétentieux. En plus, elle s'était rendu compte que toutes les filles du quartier lui tournaient autour, on disait de lui qu'il était le don juan des minettes de la Garbatella, et malgré ses airs hautains et méprisants, Andrea ne lui était pas indifférente.

Un jour, ils étaient assis dans le petit parc à côté de via Magnaghi, à la place Sauli, et ils parlaient de la Coupe du monde. Soudain il l'embrassa. Andrea était tellement surprise qu'elle ne savait pas quoi faire. Pourquoi il n'y avait pas de livres pour les débutants ? Elle avait envie de filer. Luigi la regarda, rouge de passion.

– Toi, tu n'as jamais embrassé un homme de ta vie.

Un homme… lui, il avait seize ans, eh, malgré ses attitudes de dur.

– Ce n'est pas vrai !

– Non, eh ? OK, alors on réessaye !

Le baiser avait un goût de parfum et de tabac et il ne déplut pas à Andrea. Finalement, elle allait pouvoir raconter cette expérience à Claudia et lui dire qu'elle aussi avait tout découvert… enfin, presque.

– Te voilà, finalement !

Andrea se détacha d'un coup : sa copine était là, en face d'eux, elle regardait Luigi avec un petit rire stupide.

– Voilà Luigi. Ma copine Claudia.

– Ah tu es Luigi… celui qui joue au foot auquel je ne comprends rien.

Luigi rit pour cette description et il se leva du banc.

– Eh bien je vais… Ça a été un plaisir de t'accompagner, Andrea, et de te connaître Claudia.

Il s'en alla, en allumant une cigarette.

– Mon Dieu, quels yeux ! Et toi, tu m'as toujours dit qu'il n'y avait rien entre vous ! De toute façon, bienvenue parmi nous les humains… vas-y, raconte-moi tout.

Le baiser avec Luigi c'est un peu comme quand tu dois tirer un penalty. Tu veux pulvériser le gardien de but, mais tu ne sais pas comment. En effet, Luigi m'a pulvérisée, mais après moi aussi j'ai essayé de tirer et j'ai marqué un but pas si mal.

Dans les rues de Rome pavoisées aux couleurs des vingt-quatre nations engagées, il régnait la même ambiance, la même liesse générale, la même concorde, la même folie bon enfant que huit ans plus tôt. La Garbatella était sens dessus dessous, Roberta et ses copines, bonnes joueuses, s'efforçaient de participer à la fête, elles avaient définitivement laissé au placard leur jeu de mikado. Avant d'être antifoot, elles étaient italiennes, non ? Et comme en plus c'était l'Italie qui organisait la Coupe du monde ! Jusqu'aux huitièmes de finale, ce fut la fête pour l'Italie qui gagnait et convainquait, ce fut beaucoup grâce à l'attaquant Salvatore Schillaci, nouveau héros des supporters italiens.

La suite fut moins enthousiasmante pour les *tifosi*. L'Italie dut s'incliner devant l'Argentine en demi-finale. Luigi était allé voir le match qui se jouait à Naples. Son père avait pris trois places dont une pour Andrea, mais c'était compter sans Roberta qui ne permit pas à sa fille de faire le déplacement. Elle avait rencontré Rosari et l'avait trouvé vulgaire, disant des insanités à tout bout de champ et de surcroît gros. Roberta n'aimait ni le football ni les gros. Andrea ravala ses larmes et commença à compter les jours qui la séparaient de sa majorité. C'est-à-dire 1 100 jours et des brouettes. Elle pleura bien un peu parce que son pays ne glanerait pas un quatrième titre mondial. Mais ce qui l'avait agacée le plus, c'était de voir comment les Italiens avaient vite trouvé une autre idole à la place de Paolo Rossi. Mais rien ni personne ne prendrait la place de Pablito Rossi dans le cœur d'Andrea.

La photo de Mirco

Andrea avait été adoptée par la petite famille du Villari, elle s'y entraînait tous les jours, et Danilo, l'âme du club, l'aimait comme si elle avait été sa propre fille. Roberta vivait une « histoire » avec Del Mollo. Ils sortaient beaucoup, rencontraient des gens « formidables », étaient invités à des soirées « épatantes » et participaient à des films « admirables ». Bref, elle s'éclatait. Le seul bémol à cette embellie était la terrible maladie qu'avait contractée sa fille : la footmania. Elle avait bien tout essayé pour la détourner de cette voie triviale et bourbeuse, mais rien n'y avait fait. Les affrontements sur le sujet n'étaient pas si fréquents mais en revanche, ils pouvaient atteindre une ampleur tout « italienne », beaucoup d'emportement agrémenté de claquements de porte intempestifs et d'une dose respectable de mauvaise foi de part et d'autre. Le bouillant cinéaste, croyant faire preuve de psychologie et de tact, voulut calmer le jeu et raisonner la fille, lui montrer les pauvres perspectives qui s'offraient à elle si elle s'entêtait dans cette passion infantile et vulgaire. Il eut le tort de lui dire d'entrée :

– Moi qui pourrais être ton père, je pense que…

Jamais il n'alla plus loin dans son discours. Il dut faire marche arrière en se protégeant du mieux qu'il put jusqu'à la porte de l'appartement et manqua de se casser la figure dans l'escalier. Il avait exécuté parfaitement un plan-séquence en travelling arrière se terminant par une cascade. Malheureusement sans caméra. Pour Andrea, on ne plaisantait pas avec ses choses-là, pas avec son papa.

D'autant qu'elle avait retrouvé miraculeusement une photo de Mirco.

Danilo lui avait demandé de l'aider à ranger quelques dossiers, la pièce où étaient entreposées les archives du club ayant subi un début d'inondation.

L'eau s'était répandue par le toit sur une quinzaine de classeurs en fer. Les documents qu'ils contenaient étaient très abîmés et Danilo s'était mis en tête de les faire sécher. Il faisait beau, pas de vent, c'était un jour sans entraînement, la pelouse du Villari lui sembla être l'endroit idéal pour cela. Danilo avait toujours des idées originales, poétiques presque, et Andrea adorait ça.

La plupart des documents en question étaient constitués de photos. Les clichés A3 des équipes qui s'étaient succédé pendant les trente ans d'existence du club. C'était amusant de poser au sol chacune de ces photos, les unes à côté des autres, elles commençaient à composer un sacré patchwork. Mais le vent se mit de la partie, faisant envoler les épreuves et obligeant Andrea à courir partout pour les rattraper. Ils étaient tous les deux tordus de rire comme des gamins et c'est hilares qu'ils se rabattirent à l'intérieur. Le sèche-cheveux leur parut la meilleure façon d'arriver à leurs fins. Andrea sortit le sien de son sac de sport et commença à sécher une par une les photos que l'humidité avait dangereusement ramollies. Derrière elle, Danilo faisait les commentaires, il connaissait par cœur les noms des joueurs qui avaient pris la pose pour la postérité, il déclinait leurs palmarès tout en évoquant certaines anecdotes dont ils avaient été les acteurs. Il s'agissait presque toujours d'épisodes comiques. Au fur et à mesure que l'air chaud durcissait le papier, les visages des footballeurs reprenaient des proportions normales et Danilo pouvait les reconnaître et en parler.

Andrea apprit ainsi toute l'histoire intime du Villari. Danilo était intarissable.

Ils arrivèrent à la photo noir et blanc représentant l'équipe A de 1974-1975. Andrea était née en mars 1975. Cette année-là, le club avait failli monter d'une division grâce à leur buteur maison, un type qui avait juste passé un an au club et qui était parti sans qu'on sache pourquoi en plein mois de mars. Il avait disparu. Un vrai mystère. Danilo était arrivé au Villari trois ans après, mais ce type était devenu une légende. L'air chaud durcissait le papier, l'eau s'évaporait, petit à petit les traits des joueurs prenaient corps. Le doigt de Danilo pointa la silhouette du numéro 9, au milieu de ses partenaires. De l'ombre où il se tenait ressortait l'éclat de son sourire.

– C'est lui là, le beau gosse dans l'ombre. On l'appelait Paolo, son jeu faisait penser à celui d'une star montante de l'époque.

– Paolo Rossi, coupa Andrea. Son cœur se mit à battre très fort.

– Exact. Comment tu sais ça toi ?

– Tu te souviens de son nom ? Je veux dire son vrai nom ?

– Mirco. Mirco quelque chose.

Andrea éteignit le sèche-cheveux. Elle eut du mal à rester calme.

– Et c'était quoi, alors, sa légende ?

– Je te l'ai dit : il marquait beaucoup, il était un peu fantasque à la George Best. Un rigolo, quoi. Ben alors ma cocotte… ça va pas ?

– Je suis pas ta cocotte et j'en ai marre de tes vieilles photos pourries !

Elle avait balancé son sèche-cheveux et était partie comme une bagarre dans un bar, sans espoir de retour.

– Ben, qu'est-ce que j'ai dit ? se demanda longtemps Danilo entouré de centaines de photos.

Quand le lendemain, Danilo lui demanda de nouveau la raison de sa mauvaise humeur, Andrea l'envoya balader et ne remit pas les pieds au Villari de la semaine.

C'est ce moment-là qu'avait choisi l'autre « touche », c'est le sobriquet qu'Andrea avait trouvé à Del Mollo parce qu'il sortait trop souvent des limites qui lui étaient imparties, pour lui dire « moi qui pourrais être ton père ».

Pourquoi l'avait-il abandonnée ?

Lui

Andrea avait vite compris qu'elle ne ressentait rien pour Luigi. Le baiser avait été sympa et important, mais elle le considérait seulement comme un bon ami, quand il ne la mettait pas en colère à cause de sa prétention. Luigi ne pensait qu'à lui, lui devant les buts adverses, lui en face-à-face, lui en numéro 9, lui et ses dribbles magiques, lui et son pied droit, lui et son pied gauche, lui et son bobo à l'oreille, lui et son short trop serré, lui et son short trop lâche, lui et son régime, lui et sa muscu, lui et sa photo dans le journal, lui et son père, lui et sa cour, lui et sa coupe de cheveux, lui et sa future Ferrari, lui et ses crampons, lui face à son miroir, lui, lui, lui.

Bref, quand Luigi avait essayé de l'embrasser de nouveau, Andrea l'avait stoppé. Elle avait essayé de lui expliquer pourquoi, mais Luigi avait répondu avec son sourire ironique.

– Ne t'inquiète pas, j'essaierai de survivre. Tu n'es pas inoubliable, eh ?

– Toi non plus !

Pas facile de dire à un homme qui ne te plaît pas vraiment, avait compris Andrea, surtout quelqu'un avec un caractère pareil. Elle en avait parlé avec Claudia qui tout de suite lui avait conseillé de le laisser tomber. Ce type ne vivait que pour le ballon rond, c'était un peu mince pour entreprendre quelque chose de carré ! Claudia, à quinze ans, pensait déjà avenir et se demandait bien ce que pouvait gagner un type en short qui courait après une baballe. Quand elle l'apprit, elle commença à fréquenter assidûment les gradins du Villari les jours de matchs.

Elle trouvait Luigi très sympathique, plutôt même à son goût et demanda à sa meilleure amie si elle le prendrait mal si d'aventure elle sortait avec Luigi. Andrea la rassura, elle n'y voyait aucun inconvénient.

Claudia n'eut aucun mal pour faire la conquête du bel attaquant, elle l'écouta sagement pendant deux heures parler de lui sans jamais l'interrompre et le renversa sur le canapé.

Quand il annonça triomphalement qu'il partait à Vérone, dans le centre de formation pour footballeurs professionnels, loin de se désespérer de son absence, elle décréta que c'était l'homme de sa vie. Elle l'attendrait et elle comptait bien qu'il l'attende. Lui.

Riboldi

– Nous sommes sur la place de la cathédrale : vous voyez, à votre droite la cathédrale de Santa Maria del Fiore et là le clocher de Giotto. En face, nous trouvons le baptistère de San Giovanni avec ses magnifiques Portes du Paradis. Florence, berceau de la Renaissance, a été inscrite au patrimoine mondial de l'Unesco.

Paolo Riboldi, le prof de latin, jouait au guide touristique et s'en sortait plutôt bien. Il lui fallait manager une vingtaine d'adolescentes qu'il avait emmenées, dans le cadre des voyages culturels organisés par le lycée, en excursion dans la capitale toscane. C'était la fin de l'année scolaire, la pression des contrôles était passée, Andrea et ses camarades s'en donnaient à cœur joie dans le petit car qui avait été affrété pour l'occasion.

Bien qu'il ne fût pas un champion de l'ordre, Riboldi avait un truc imparable qui faisait qu'il était respecté par les chipies de seize ans dont il essayait de parfaire l'éducation. Il était beau. Des yeux de velours, une voix rauque juste ce qu'il faut et une bouche sensuelle devant laquelle les jeunes filles tombaient littéralement en pâmoison. Quand il désignait du doigt les chefs-d'œuvre qui faisaient la renommée de Florence, les élèves ne le quittaient pas des yeux. Elles buvaient ses paroles, mais à son grand dépit de pédagogue convaincu, elles ne les retenaient pas, elles les « goûtaient ».

Toutes étaient raide dingues du prof de latin, même Claudia qui pourtant vouait officiellement un culte à l'homme de sa vie, le beau Luigi. Andrea n'était pas insensible au charme de Riboldi, mais ça ne la turlupinait pas plus que cela. La concurrence était par trop sévère et elle se voyait mal discuter Calcio avec lui.

Quand le car s'arrêta devant l'hôtel, les lycéennes furent nettement plus intéressées par la découverte de leur chambre respective, qu'elles occupaient en duo, que par n'importe quel autre monument qu'on leur aurait fait visiter. Si ça râlait bien un peu pour l'exiguïté des chambres, les minibars qui les équipaient reçurent en revanche un franc succès. Andrea tilta sur le nom de l'hôtel : l'hôtel du Campo di Marte, l'hôtel qui s'appelait comme le stade communal. Cela voulait dire qu'elle n'était pas loin du seul monument qui intéressât véritablement la jeune fille : le stade Artemio Franchi. On ne se refaisait pas…

Après une nuit consacrée à la discussion ininterrompue et à la dégustation comparée des trésors du minibar, les filles se préparèrent à la visite de la Galleria dell'Academia afin de vérifier si le *David* de Michel-Ange ressemblait bien à leur prof de latin. C'était pratique, les deux allaient se rencontrer.

Dans la minuscule salle de bains, Claudia se préparait à ce choc culturel en travaillant devant le miroir le mariage d'un blush pêche avec un eye-liner que lui avait prêté une copine. Tout en se maquillant, elle parlait avec Andrea qui était restée dans son lit.

– Je ne te comprends pas, Andrea…

– C'est pas nouveau.

– C'est pas gentil, ça. Comment veux-tu trouver l'homme de ta vie en restant dans ta chambre ?

– Mais je cherche pas l'homme de ma vie.

– Ah, oui ?! Ben voyons…

– Non.

– Et tu crois qu'il va te tomber tout cuit dans les bras, comme ça, là ? Comme dans un film… Je vois la scène : tu te balades et crac ! tu te retrouves sur les genoux d'un homme avec un grand H qui te connaît pas et qui t'emmène dans sa limousine.

– Sa limousine ?

– Ben oui, un « homme de ta vie » qui peut pas se payer une super voiture, t'oublie !

– Et Luigi, il a pas une super voiture !

– Évidemment, il a pas le permis. Mais parti comme il est au Vérone, ça va pas tarder. Tu verrais les voitures des sportifs de haut niveau…

– Tu as prévenu le prof que j'étais malade ?

– Oui, oui… Tu n'es jamais que la cinquième. Toutes les filles jouent les mourantes, histoire qu'il vienne à leur chevet. « J'ai très très mal là. »

Claudia entra dans la chambre en imitant une simulatrice exposant sa poitrine avec des gestes dignes de la Sofia. Les deux filles éclatèrent de rire. Elles reprirent en chœur :

– J'ai très très mal là. Très très mal.

C'est évidemment à ce moment qu'entra le beau Riboldi.

– Bon, allez Margheri, fini de rigoler. Je sais : vous voulez à tout prix que je vous examine parce que « ça va pas du tout du tout. »

– C'est vrai monsieur.

– Je n'en doute pas, Margheri… Je n'en doute pas. N'étant pas médecin j'ai donc appelé le docteur Zamburrini pour qu'il vous ausculte, j'ai bien peur qu'il s'agisse d'une grave épidémie.

– Mais docteur, heu, je veux dire, M. Riboldi…

Celui-ci était déjà sur le point de quitter la chambre. Il se retourna pour ajouter :

– Ah j'oubliais. Le docteur Zamburrini a soixante-trois ans, c'est une femme un peu « militaire », à ce qu'on m'a dit, et elle déteste se déplacer pour rien. Bon nous, il faut qu'on y aille. Si ça va mieux d'ici là rejoignez-nous à la Galleria dell'Academia. Ce n'est pas loin.

Il s'adressa à Claudia restée en extase bouche ouverte devant lui.

– Claudia, vous avez deux minutes, finissez votre œil droit et fermez votre bouche. Vous êtes plutôt mignonne, la bouche fermée.

Il était parti. Claudia regarda Andrea qui ne savait pas quelle attitude adopter. Claudia était en totale admiration.

– On aura beau dire, il sait parler aux femmes quand même… Non ?

Avec un grand H

Andrea avait espéré que son stratagème marcherait, ça lui aurait permis d'aller visiter le stade Artemio Franchi pendant que les autres étaient à la Galleria dell'Academia. Mais voilà, Riboldi n'était pas né de la dernière pluie et la perspective d'avoir affaire à l'ogresse à qui il avait fait appel l'avait convaincue par force de choisir le camp de la culture.

Une fois sortie de l'hôtel, elle demanda son chemin à un marchand de glaces qui lui indiqua la direction à prendre. Au bout de dix minutes, elle comprit qu'elle s'était perdue. Avisant des groupes de badauds qui semblaient attendre on ne sait quoi, elle se dirigea vers eux, pensant qu'il devait s'agir d'un lieu touristique et qu'au moins ils pourraient la renseigner.

Ô miracle, elle se trouvait sur l'esplanade du stade Artemio Franchi. Elle ne résista pas à une petite visite.

Il y avait là une foule bigarrée dont la couleur dominante était le violet. C'étaient les supporters de la Fiorentina, le club de foot de la ville qu'on appelait communément « la Viola ». Andrea se demandait bien quelle était la raison de ce rassemblement, la saison étant terminée depuis peu. Elle n'osait pas s'adresser aux *tifosi*, un public presque exclusivement masculin. Elle déambulait parmi eux, s'attirant leurs regards et laissant derrière elle un sillage de réflexions interloquées ou grivoises. Ils la fixaient avec étonnement pour certains, en connaisseurs pour d'autres, et en amateurs lourdingues pour quelques-uns. La foule bruissait au passage de cette belle jeune fille brune, simplement habillée d'un jeans et d'un T-shirt blanc. Si Andrea avait des doutes sur son sex-appeal, ils furent levés.

Cette plongée soudaine dans le regard des hommes commença à l'angoisser, elle ne se sentait pas en sécurité, elle voulut partir. Mais tout à coup les supporters s'animèrent et convergèrent d'un seul bloc vers un convoi de grosses Mercedes noires qui s'approchait.

Andrea résista quelques secondes au mouvement de la foule, mais fut emportée comme un fétu de paille. Elle se retrouva coincée contre la carrosserie d'un des véhicules qui s'était immobilisé. L'air commençait à lui manquer. Elle avait le visage écrasé contre la vitre arrière de la voiture face au passager. Il avait un visage plutôt banal au teint olivâtre et portait un maillot violet, elle en conclut qu'il devait être un footballeur du club. Elle était sûre qu'elle avait déjà vu cette tête-là quelque part. Les deux se fixèrent, aussi étonnés l'un que l'autre jusqu'à ce que l'inconnu se décide à baisser la vitre avant qu'Andrea n'étouffe.

Poussée par les *tifosi* qui scandaient un nom incompréhensible dans le brouhaha général, Andrea se retrouva le haut du corps à l'intérieur du véhicule. Le footballeur la saisit par les aisselles et elle bascula entièrement à l'intérieur de la voiture. Par une galipette digne d'une gymnaste de music-hall, elle se retrouva la nuque contre les cuisses de l'athlète avec au-dessus d'elle son visage qui la fixait de ses yeux ronds.

Soudain, les bruits de la foule semblèrent très lointains, jusqu'à disparaître, tandis que le silence dans la voiture se faisait assourdissant. Cet instant sembla durer des siècles.

Avant qu'Andrea comprenne ce qui lui était arrivé, la voiture avait stoppé, les portières s'étaient ouvertes et l'inconnu connu était parti. Elle mit quelque temps à reprendre ses esprits. Elle s'assit sur le siège arrière et regarda autour d'elle. La Mercedes était stationnée dans une espèce de tunnel, un *nowhere* en béton où s'agitaient encore quelques ombres pressées. Le bruit d'une cavalcade infernale lui fit lever la tête vers le sommet d'un escalier aux marches de fer. Elle eut juste le temps d'apercevoir une grappe de journalistes et de gardes du corps entourant un maillot violet qui pénétrait au pas de course dans le bâtiment par une petite porte, comme brusquement aspirés. La porte se referma dans un claquement sec que l'écho répercuta dans ce qu'elle comprit être les soubassements du stade Artemio Franchi.

Il n'y avait plus personne. Elle allait se lever quand elle sentit qu'elle était assise sur un objet aux angles aigus. Elle passa sa main sous elle et en retira un petit bracelet de cuir avec un grand H d'or en breloque. Les mots de Claudia lui revinrent instantanément à la mémoire : « Tu te balades et crac ! tu te retrouves sur les genoux d'un homme avec un grand H qui te connaît pas et qui t'emmène dans sa limousine. »

Elle avait rencontré l'homme de sa vie.

– Rien de cassé ?

Elle faillit hurler de terreur. Pourtant, le type qui s'adressait à elle avait l'air d'être bien inoffensif. Un mètre soixante, pas plus de vingt ans, chemise hawaïenne, chapeau de paille sicilien violet, la cigarette au bec, les yeux pétillants de malice. Un sourire goguenard mais pas méchant barrait une physionomie plutôt avenante et sympathique, il attendait la réponse. Elle glissa prestement le collier dans la poche arrière de son jeans et sortit de la Mercedes, *la limousine.*

– À peu près la totale mais je recolle rapidement.

– Le contraire aurait été dommage, dit-il en forme de compliment.

– C'est quoi ce cirque ? demanda Andrea.

– C'est pas un cirque, c'est un stade.

– Ça, je le sais bien, eh… Mais ce type, qui c'est ?

– Tu veux le savoir ?

– Non pas du tout j'ai failli mourir, il m'a sauvé la vie, mais je m'en contrefiche de qui il est !

– Ô tout doux ma belle !

– Je ne suis pas votre belle.

– Malheureusement… Allez, viens, suis-moi, je vais te présenter ton sauveur.

Ils empruntèrent le même chemin que le groupe de journalistes quelques minutes plus tôt. Une fois à l'intérieur du bâtiment, ils suivirent un dédale de couloirs, d'escaliers et de contremarches. Ils marchaient vite et sans aucune raison ils courbaient tous les deux le dos comme s'ils progressaient dans quelque boyau d'une mystérieuse pyramide.

– Mais comment il s'appelle ?!!!

– Tu n'entends pas ?

Plus ils avançaient plus une clameur sourde emplissait l'air. Ils arrivèrent devant une dernière porte que le jeune homme ouvrit avec cérémonie.

La clameur et la lumière explosèrent littéralement au visage d'Andrea.

Face à elle dix milles *tifosi* tous de violet vêtus hurlaient à pleins poumons. C'était tellement fort qu'elle n'arrivait toujours pas à en saisir la phonétique. Son guide la poussa doucement à l'extérieur. Elle se trouva entourée de tout un tas d'adultes, des hommes, qui applaudissaient à tout rompre un type sur une estrade au milieu de la pelouse. Un écran géant diffusait son image. Andrea reconnut le footballeur de la voiture. Elle mit enfin un nom sur ce visage. Le nom que scandaient les supporters depuis tout à l'heure.

– HEN-RI-QUE… HEN-RI-QUE…

Henrique dos Reis Moreira, Henrique au pied gauche magique, Henrique l'attaquant brésilien tant attendu au Calcio, Henrique le dieu vivant de Luigi, Henrique !!! Andrea en avait les larmes aux yeux.

– Et moi, c'est Marco, se permit de préciser la chemise hawaïenne.

Riboldi, Henrique et Botticelli

– Il a vingt-six ans et il a marqué cent vingt goals en série A brésilienne ! Tu te rends compte !!!

Andrea s'était glissée dans la file d'attente devant la la Galleria dell'Accademia. Elle parlait à Claudia à grands renforts de gestes. Plusieurs élèves formaient cercle autour d'elle écoutant les exploits d'Andrea.

–Vouiii. Tu sais moi, la série A…

– Luigi t'en a parlé quand même ?

– Ah ça… Henrique, c'est son modèle. Et c'était quoi, sa voiture ?

Andrea ne répondit pas à sa copine Claudia, elle était toute à son évocation de cette journée mémorable.

– C'est aujourd'hui qu'il était présenté aux *tifosi*.

– Et qu'est-ce qu'il t'a dit ?

– Des tas de trucs !!! Tu le croirais pas. Et puis… il est beauuuuuu.

– Ah oui ?! demandèrent en chœur les jeunes filles.

– C'est un dieu, ce type. Trop beau.

Elle sortit le flyer distribué dans le stade pour la présentation du joueur et l'exhiba devant les filles qui se l'arrachèrent. La réaction fut plutôt mitigée.

– Bof. Il a une tête de boxeur.

– Oh le nez !

– Il est gras !

Andrea reprit son bien en tâchant de ne pas le froisser. Elle défendit son héros :

– N'importe quoi… Vous êtes jalouses, c'est tout !!! Et alors le prof de latin, je suis sûre qu'il n'y en a pas une qui est arrivée à le brancher !

Les filles se renfrognèrent aussitôt. Claudia avoua que jusqu'à présent il était difficile de trouver « un sujet de discussion » avec le beau professeur. Elle avait bien essayé, mais à part l'histoire de l'art…

Alors qu'Andrea allait religieusement ranger la photo d'Henrique dans son sac, la main de Paolo Riboldi arrêta son geste.

– Margheri !!! Vous ici ! Quelle bonne nouvelle ! Moi qui vous croyais alitée !

Andrea resta sans voix. Elle essaya de s'expliquer, mais rien ne sortait. Riboldi l'aida.

– C'est terrible l'angine, vous avez mal ?

Andrea ne savait pas si le prof se fichait d'elle. Il continua.

– Tiens ! Mais qu'est-ce que cette photo ? Une reproduction de *David* par Michel-Ange, peut-être ?

Il jeta un œil sur le cliché. Il parut fort surpris par ce qu'il vit.

– Non. C'est sûr, c'est pas *David*, constata-t-il goguenard.

Il garda la photo. Les autres élèves observaient la scène du coin de l'œil, persuadées d'assister aux derniers moments d'Andrea dans leur classe. D'un geste, Riboldi écarta la jeune fille du groupe. Andrea avait les larmes aux yeux, elle entendait déjà les hurlements de sa mère et les ricanements de Del Mollo. Quand ils furent à une distance suffisante pour que la classe n'entende pas ce qu'il avait à lui dire, Riboldi prit la parole.

– Alors comme ça, tu as été au stade ?

Andrea, tête baissée acquiesça.

– Et tu l'as vu ?

Il désignait du doigt Henrique.

Andrea hocha de nouveau la tête, se préparant par cet aveu à la décapitation ou au bûcher. Minimum.

– Il en a planté un maximum pour son club au Brésil, non ?

Elle releva la tête, interloquée. Qu'est-ce qu'il était en train de lui dire ? Riboldi restait très sérieux.

– C'est bien pour la Fiorentina et pour le Calcio en général. Qu'est-ce que tu en penses ?

– Heu… Voui.

– Alors voilà Margheri. Officiellement je suis en train de te sermonner, là. Mais je vais te confier un secret. Je suis dingue.

Andrea opéra instinctivement un mouvement de recul. Le prof dont le visage commençait à s'éclairer continua :

– Je suis dingue de foot. J'y serais bien allé, moi, au Franchi… Henrique, c'est quelque chose quand même, non ? Veinarde.

Andrea l'aurait bien embrassé, sur les deux joues, bien entendu.

Il lui rendit le flyer et la prit par l'épaule pour rejoindre la classe qui les regardait sans vraiment comprendre ce qui se passait.

– Bon. Giotto, tu connais ?

– Non. Il joue où ?

Le professeur de latin éclata de rire, au grand étonnement des jeunes filles.

– Il joue avec Perugino et Botticelli à la Galleria dell'Accademia. Tu vas voir… Eux aussi ce sont des artistes !

Journal

Août 1991

Claudia est partie pour les vacances avec sa mère. La mienne est partie sur Les Sommets des dieux, *le dernier film de Del Mollo. Je lui ai dit que c'était un bon titre de film, quand on est monteuse. Ça ne l'a pas fait rire. Mais je crois que c'est plus ça avec Del Mollo. Tant mieux, je le déteste.*

Moi, je suis sortie tous les soirs avec Enrico, le fils de notre voisine. Énervant : il a essayé de me toucher avec ses mains de pieuvre et je lui ai donné un coup de pied où ça fait le plus mal.

Le nouvel entraîneur du Milan est Fabio Capello, ils l'attendent tous au tournant après les victoires d'Arrigo Sacchi.

J'ai rappelé Marco, il dit qu'on pourrait aller prendre un verre. Il est journaliste à Fischio finale, *un mensuel sportif très réputé. Je trouve génial le métier qu'il fait. Je crois que c'est vraiment ça que je veux faire plus tard.*

17 novembre 1991

En ce moment, ma mère est insupportable. Elle a enfin quitté cet abruti de Del Mollo et je crois que ça l'a beaucoup déprimée. Et puis elle m'a raconté qu'au travail, ils sont passés du montage classique au montage numérique : j'y ai pas compris grand-chose – en effet je n'ai jamais vraiment beaucoup compris le travail de ma mère – mais ce que j'ai compris c'est que ce changement lui cause quelques difficultés.

Marco est vraiment sympa, même si, selon moi, il n'est pas très doué pour l'écriture. Mais je crois qu'il se débrouille vraiment bien pour dégoter n'importe quelle information. On a conclu un pacte. Moi, je l'aide à réécrire les choses et lui, il me donne des conseils pour entrer dans le monde du journalisme, une fois que j'aurai fini le lycée.

17 juin 1992

Henrique a eu divers problèmes physiques et il quitte Florence pour le Sporting Lisbona. Le Milan a gagné le championnat avec Fabio Capello. Je suis sortie avec Carlo, le fils d'un copain de ma mère. Elle veut à tout prix me caser ! À la fin de la soirée, il m'a avoué qu'il est… homo.

8 octobre 1992

Tante Clara a voulu venir assister à un match au Villari. Elle m'a demandé des tas d'explications sur les règles et tout. Je lui ai présenté Danilo, et je crois bien qu'il lui a tapé dans l'œil. J'ai un peu reparlé de toi avec elle, papa. Elle m'a dit que tu étais un grand fan des chansons de Renato Zero. Je t'imagine tandis que tu chantes avec ta guitare Mi vendo *(Je me vends).*

6 juillet 1993

J'ai réussi ! J'ai eu ce maudit diplôme, finie l'école ! Même Claudia a réussi. Elle a déjà décidé depuis longtemps qu'elle ne continuerait pas à étudier. Moi, je veux m'inscrire à l'université. J'aurais aimé suivre la Luiss, l'école privée de journalisme, mais sans diplôme universitaire, c'est impossible. Il y a d'autres écoles privées, mais elles coûtent trop cher.

Marco est vraiment très gentil. Il est toujours disponible, même si je l'appelle au dernier moment, à n'importe quelle heure. Je crois que c'est parce que je lui réécris ses articles, il m'est reconnaissant. Le championnat est fini, le Milan a regagné le championnat. Henrique est une star au Portugal.

12 septembre 1993

J'ai convaincu le gros d'acheter un ordinateur, parce qu'ils ne peuvent plus continuer à écrire tout à la main. Pour Danilo, l'ordinateur est une espèce de bête indomptable, Rosari m'a proposé de m'occuper du secrétariat du Villari à mi-temps. La paie n'est pas exceptionnelle, je gagnerai 400 000 lires. Je me suis inscrite à la fac de lettres.

Luigi a eu son premier contrat professionnel, il gagne 40 millions net par an. Il a décidé de louer un appartement près du centre de Rome. Claudia ira s'y installer, vu que pour le moment à Vérone Luigi vit à l'hôtel. Elle voulait un appartement au dernier étage sur la place d'Espagne puis elle s'est rendu compte que c'était peut-être un peu trop... Elle travaille dans une boutique de haute couture dans le centre de Rome.

22 novembre 1993

Je suis sortie avec Michel, un copain de fac. Grand, beau et... pédant. Et macho : laissons tomber.

12 décembre 1993

Au diable l'université. J'ai tout lâché. Pour mes profs, vouloir devenir journaliste sportif quand on est une femme, c'est voué à l'échec. D'après eux, s'intéresser à un sport qui fait lever des nations entières, c'est vulgaire ? J'ai claqué la porte à tant d'obscurantisme. Ma mère a cru que le ciel lui tombait sur la tête quand je lui ai annoncé ma décision. Elle aussi est certaine que je vais dans le mur. Que jamais je n'arriverai nulle part, etc. Et puis quand je lui ai demandé ce qui l'avait poussée à embrasser une carrière aussi « compliquée » que le cinéma, elle est devenue toute rouge et elle est partie elle aussi en claquant la porte. Quant à tante Clara, elle m'a fait un grand clin d'œil d'encouragement genre : Do it !

Donc j'ai commencé à envoyer des curriculums à toutes les revues, quotidiens et mensuels. Pour l'instant, aucun ne m'a répondu.

Luigi est venu pour Noël avec des kilos et des kilos de pandoro *et une alliance pour Claudia. C'est la première chose qu'elle m'a montrée quand nous nous sommes vues. Luigi est venu me saluer, c'est marrant, à chaque fois que je le vois maintenant, il me regarde d'un drôle d'air. Je l'ai félicité parce que son entraîneur l'a sélectionné deux fois en équipe première, même s'il est resté sur le banc de touche.*

10 janvier 1994

Au Portugal, Henrique a marqué un sublime but. Sa photo est en couverture de tous les journaux à scandale et de tous les journaux de stars. Surtout parce qu'il tient une blonde dans ses bras : une certaine Hélèna, qui, à part deux énormes seins, n'est pas terrible. J'ai reçu une lettre d'un hebdomadaire qui s'appelle Private Star, *c'est le seul qui m'a répondu. J'ai un rendez-vous avec le directeur dans une semaine. J'espère que ça se passera bien.*

« *Private Star* »

Pantalon noir et chemisier gris clair, un doigt de maquillage et les cheveux détachés, Andrea était dans un état d'excitation extrême. Elle n'arrêtait pas de se regarder dans le miroir mural de sa chambre. Elle se demandait si elle avait choisi la bonne tenue, si ça ne faisait pas trop frivole, trop sérieux, trop ringard, trop sophistiqué, trop vieux, trop jeune, trop quelque chose. Ou peut-être pas assez. Ce n'était pas facile pour elle de s'imaginer dans le regard de quelqu'un dont elle ne connaissait que le nom : Giulio Maurizi, le rédacteur en chef de *Private Star*, un hebdomadaire féminin.

C'était le seul à avoir répondu à l'un des cent dix-huit curriculums qu'elle avait envoyés.

Andrea n'en dormait plus depuis trois jours.

La rédaction était dans le centre, près de la rue del Corso et elle devait y être à 12 heures.

À 10 heures, elle se décida à sortir. Attendre sans rien faire était impensable. Elle devait rester calme, calme, calme. Et penser à ce qu'elle devait dire mais sans préparer de discours, de toute façon elle aurait tout oublié. « Essaie d'être naturelle », pensa-t-elle.

À midi moins cinq elle était devant la porte des locaux de *Private Star*. Inspirant profondément, elle entra. Dans le hall, il y avait une jeune femme à l'air aimable. Enfin... elle se convainquit qu'elle avait l'air aimable.

– Bonjour, j'ai rendez-vous avec M. Maurizi.

– Votre nom ?

– Andrea Margheri.

– Un instant, je vous prie.

Andrea regarda autour d'elle d'un air qu'elle voulait détaché, afin de se donner une contenance. Elle brûlait de demander à la jeune femme si elle était habillée de façon adéquate, si ce Maurizi était un être pensant ou un chien enragé, ce qu'elle faisait là et, surtout, pourquoi elle s'était mis en tête de devenir journaliste sportive. Mais au lieu de cela, elle se cacha derrière un sourire idiot et écouta religieusement la jeune femme lui expliquer comment arriver au bureau du rédacteur en chef.

– Premier étage, à droite. La dernière porte au fond.

– Merci.

L'ascenseur s'ouvrit sur une salle qui lui parut immense. Une quinzaine de bureaux étaient occupés par des gens qui travaillaient devant leur ordinateur. Des télévisions étaient allumées, des postes de radio distillaient tout bas leurs informations, des téléphones sonnaient, il y avait une atmosphère de travail qui laissa Andrea rêveuse. Elle s'y voyait déjà.

« *Calme, calme, calme* », se répéta-t-elle pour la millionième fois, tandis qu'elle frappait à la porte dotée d'une petite plaque sur laquelle était gravé M. MAURIZI RÉDACTEUR EN CHEF.

– Entrez.

Elle entra. L'homme qui lui faisait face avait entre trente et cinquante ans, son petit visage gris de souris affichait une expression interloquée.

– Mademoiselle ?

– … Andrea Margheri, j'ai rendez…

– Ah d'accord ! Tu es… une femme.

« Ça commence bien. » Elle s'était habituée à ces quiproquos provoqués par son prénom, attribué plutôt aux garçons, en Italie. De combien de plaisanteries avait-elle été la cible depuis qu'elle était petite ! Elle savait se défendre, mais là, son sens de la repartie fut pris au dépourvu. Peut-être que ce type n'avait absolument pas le sens de l'humour.

– Bah oui.

– Ah. Assieds-toi, assieds-toi.

Maurizi s'immergea dans la lecture d'un des multiples dossiers empilés sur son bureau devant lui et sembla oublier sa présence.

Au bout de cinq bonnes minutes, elle était sur le point d'exploser quand l'homme daigna lever la tête pour lui demander d'un ton égal :

– Donc, tu veux être journaliste ?

– Bah oui.

« Essaye de varier ton répertoire ! », se dit-elle.

– Et tu voudrais écrire sur quoi ?

« Mais le curriculum, il l'a lu ou pas ? », elle essaya de paraître calme et déterminée :

– Sur le foot.

Pour la première fois, elle sembla avoir éveillé son attention. Il la dévisagea longuement.

– Sur le foot… Connais pas. Nous, c'est télévision et célébrités. Le reste…

– Mais aujourd'hui le foot intéresse tout le monde, même les revues non spécialisées.

Ça lui était venu comme ça. Ça lui semblait être une réflexion marquée au coin du bon sens.

– Ah, commenta-t-il laconiquement.

De nouveau un silence.

– On ne m'a pas précisé que tu étais une fille. Tu es une fille et en plus tu veux faire journaliste sportif… Eh ben…

Il se mit debout et Andrea se rendit compte qu'il était grand et efflanqué. Elle n'arrivait pas encore à décider s'il lui était sympathique ou pas.

– Bien. Faisons comme ça. Essaye d'écrire quelque chose, du genre la passion sportive de telle ou telle star et puis on en reparle. Mais que ce soit clair : je ne te promets rien. Nous, à *Private Star*, on s'adresse à un public jeune qui veut tout savoir sur la vie de ses idoles, donc des articles spécialisés sur le foot ne nous intéressent pas. Mais ce qui a trait à leurs passions oui. Voilà, trouve-moi des choses comme ça et je te les publie. Pour toutes les autres questions, tu vois avec ma secrétaire. C'est bon ?

Andrea admit que oui, il lui était sympathique. Elle était sur le point de le remercier avec son plus beau sourire, mais avant qu'elle le fît, il ajouta :

– À propos… le premier sujet, je le veux pour vendredi.

Vendredi ? Mais on était mercredi ! Elle lui tendit la main, il la serra.

– Merci Monsieur, au revoir Monsieur.

Il la regarda se diriger vers la porte et alors qu'elle s'apprêtait à sortir, il l'arrêta.

– T'as pas l'impression d'avoir oublié quelque chose ?

Paniquée, elle regarda partout autour d'elle, elle avait son sac, ses lunettes de soleil, ses…

– Le sujet de ton article.

– Le sujet de mon article ?

– Ouh là ! c'est pas gagné… Tu vas le faire sur quoi, ton papier ?

– …

– C'est vague. Bon, je vais t'aider. Dennis Roberti, tu connais ?

– Le chanteur ?

– C'est un début. Bon, tu nous le dégotes. Je veux tout savoir, s'il va au stade, quelle équipe il supporte, etc. Une interview, hein, pas des ouï-dire ! Si tu peux savoir avec qui il couche en ce moment, tu auras une prime. Trente lignes vendredi midi dernier carat, après on boucle. Allez, Mademoiselle Andrea, on y va.

Maurizi lui tendait la main et avait déjà ouvert la porte de son bureau. L'entretien était fini.

– Je fais comment, moi ?

Elle avait dit ça à haute voix dès que la porte s'était refermée. Il fallait qu'elle sorte d'elle cette boule d'émotions entre colère et désespoir qui s'était formée au fond de sa gorge. Et elle était sortie sous cette forme-là.

Andrea s'aperçut qu'un silence impressionnant régnait tout à coup dans la salle de rédaction. Quinze visages la fixaient. Elle pouvait décrypter dans la surprise qui en émanait tout un nuancier allant de la simple goguenardise jusqu'à la plus profonde hostilité, voire du mépris. Mais de bienveillance, point. Andrea eut l'impression fugace que dans ce monde-là, il ne lui serait fait aucun cadeau.

La salle de rédaction était retournée instantanément à son activité, laissant Andrea se dépêtrer seule avec son destin.

Calme, calme, calme

Mais où allait-elle le trouver, elle, Dennis Roberti ? Et comment ? En admettant qu'il accepte de lui parler. Il fallait qu'elle reprenne son souffle. « Calme, calme, calme. »

Sa pratique de la course de fond aurait pu lui être d'une grande utilité pour évacuer le stress, au lieu de cela l'excitation et l'anxiété la firent tournicoter comme une poupée mécanique survoltée dans l'espace confiné du petit appartement maternel.

Par chance, Roberta, sa mère, n'était pas là, elle l'aurait soumise à un interrogatoire en règle et Andrea n'aurait pas supporté.

« Calme, calme, calme. »

À qui pouvait-elle demander de l'aide ? Marco ! Marco, l'ami qu'elle avait aidé tant de fois à rédiger ses articles allait l'aider et lui donner quelques conseils. Il avait la chance d'avoir un téléphone portable, cette nouvelle invention géniale, il était donc joignable à tout instant ! Elle se précipita sur le téléphone de la salle à manger et composa son numéro de portable. Messagerie.

Elle laissa un message assez confus où il était question de Dennis Roberti, d'article, de Giulio Maurizi et d'urgence absolue !

Elle se sentait abandonnée. Il fallait qu'elle trouve un moyen de savoir où elle pouvait localiser la star. Si au moins elle avait un ordinateur !!! Grâce à Internet, tout semblait nettement plus simple. Elle se mit à maudire sa mère. Roberta avait catégoriquement refusé de s'équiper d'un ordinateur, cette odieuse machine devant laquelle les gens passaient des heures et des journées, etc. Cela faisait deux ans que régulièrement la question revenait sur le tapis et cela faisait deux ans que Roberta refusait cet achat à sa fille. Et maintenant, Andrea allait perdre l'emploi de ses rêves parce que sa mère était rétrograde ! C'était trop injuste !

« Calme, calme, calme. »

Elle savait au fond d'elle-même que Roberta n'avait tout simplement pas les moyens d'effectuer une telle dépense. Elle lui en voulut quand même.

En oubliant d'avaler le sandwich qu'elle s'était préparé, elle descendit l'escalier en courant et toujours en courant elle dévala les ruelles qui la séparaient du Villari. Là, il y avait Internet. Dennis Roberti, Dennis Roberti, c'était un cauchemar qui lui martelait la tête… Elle entra en trombe dans le local administratif du club de Villari et c'est à la même allure qu'elle percuta le président, le ventre rebondi de l'auguste personnage amortissant opportunément le choc.

– Oh excusez-moi, président, j'étais distraite… Je vous ai pas vu.

– Je prends ça pour un compliment. Et qu'est-ce qui te fait courir comme ça ?

– Dennis Roberti.

– Ah ? Tu le connais ?

– Non, justement.

– Ah.

Comme une gamine, elle laissa exploser sa joie :

– Je veux dire… J'ai décroché ma première interview, Monsieur le président !

– Formidable !

– Il faut que j'interviewe Dennis Roberti !

– Formidable !

– Mais non.

– Pourquoi mais non ?

– Parce que je ne sais pas où le trouver !

– Aïe… Dennis Roberti… Tu sais que moi…

Elle l'interrompit :

– Monsieur le président, est-ce que je pourrais utiliser l'ordinateur du club ?

– Tu es la seule à savoir t'en servir. Mais moi je le connais bien, Dennis Roberti.

– Je n'en doute pas, président. Vous avez toujours su rester moderne. Votre bureau est ouvert ?

– Demande les clés à Danilo. Non, tiens je t'accompagne, je vais t'ouvrir.

Arrivé devant son bureau, il appela Danilo.

– Danilo ! Andrea fait partie de la presse !!! Elle est JOUR-NA-LISTE !

La tête de Danilo apparut dans l'entrebâillement de la porte de la salle des équipements. Il était occupé à astiquer un trophée en fer-blanc.

– Bravissimo ! Tu vas parler de moi ?

Rosari ouvrit la porte de son bureau et laissa Andrea entrer.

– Et si je te passais son numéro de téléphone, ça t'aiderait ?

– Je ne savais pas que vous pratiquiez l'humour vache, président.

Andrea s'était installée devant l'ordinateur qu'elle alluma d'une main experte.

– Mais je me tue à te dire que je le connais, ton Dennis Roberti ! Tu ne veux pas m'écouter ! Je lui ai refait l'étanchéité de sa piscine dans sa villa, à Venise. Deux mois sur le chantier. Ça crée des liens…

La physionomie d'Andrea passa du chafouin barbouillé à l'expectative médusée.

– C'est vrai ?

– Non c'est faux, aussi faux que je m'appelle Alessio Rosari et que Baresi est le meilleur défenseur du monde !

Il lui tendit une carte de visite qu'il venait de sortir d'un portefeuille aussi rebondi qu'un cheeseburger *king size*. Andrea s'en saisit, elle éclata de joie, c'était la carte de Dennis Roberti avec son téléphone portable. Elle se jeta au cou de son sauveur qui, rougissant, ajouta :

– C'est un type très bien, pas bégueule, pas du tout la grosse tête. Il m'a laissé ses coordonnées au cas où… Ben, appelle-le, tu verras, il dit *pronto* comme tout le monde. Très nature, quoi.

Andrea eut bien envie de lui dire de la laisser seule pour qu'elle puisse se concentrer et préparer mentalement les questions qu'elle allait poser à la célébrissime idole. Mais le président, bien campé sur ses deux jambes, mâchonnant un bâton de sucette avec application, attendait que sa protégée fasse le grand plongeon. Il était au spectacle. Andrea l'épingla du regard. Il comprit qu'il était de trop, de toute façon il devait partir, il avait rendez-vous.

– Tu lui dis bonjour de ma part, hein ?

Et sur ces mots il s'en alla en refermant précautionneusement la porte.

En fait, c'était pas si compliqué son nouveau boulot…

Une petite prière et elle se jeta à l'eau. Alors qu'elle composait le numéro de Dennis Roberti, elle se répétait sans cesse : « Bonjour, je m'appelle Andrea Margheri, je suis journaliste à *Private Star*… Non… bonjour Monsieur Roberti… Non… Bonjour Dennis Roberti… Je suis star du journal *Private Andrea*… Non. » Elle n'y arriverait pas. La sonnerie avait à peine retenti trois fois qu'Andrea était déjà tétanisée. Il lui sembla qu'elle allait raccrocher dès que son illustre interlocuteur aurait décroché.

Clic. On décrochait.

« Ça y est », se dit-elle.

– Il n'y a pas d'abonné au numéro que vous avez composé… Il n'y a pas d'abonné au numéro que vous avez composé… Il n'y a pas… »

Elle raccrocha. Tout ça pour ça. Ce n'était pas le bon numéro. Horreur et damnation, faute dans la surface, penalty.

Elle composa une nouvelle fois le numéro qu'il lui avait donné, épelant le chiffre à chaque fois qu'elle appuyait sur la touche correspondante.

– Il n'y a pas d'abonné au numéro que vous avez composé… Il n'y a pas d'abonné au numéro que vous avez composé…

Sans commentaire. La carte que lui avait donnée Rosari devait dater de Mathusalem !

Elle s'écroula sur le fauteuil du président. Qu'est-ce qu'elle allait faire ?

L'ordinateur était allumé et elle alla directement sur le site du chanteur : il était en tournée. Il avait chanté au Canada deux jours plus tôt mais il devait venir en Europe. Il allait chanter à Rome dans une semaine, ça, elle était au courant, la ville était couverte d'affiches.

« Contacts presse : Dennis Roberti tiendra une conférence de presse un jour avant son concert romain à l'hôtel Lord Byron à Rome. Pour toutes informations contactez… » Il y avait une adresse e-mail et le numéro de téléphone de l'attachée de presse, Simona Dori. Elle composa le numéro de cette Simona Dori.

– Ouiii ?

– Allô, bonjour. Euh…

– Oui ?

Andrea n'aima pas sa façon de dire oui, c'était comme si elle disait non.

– Je m'appelle Andrea Margheri et je dois faire une interview de M. Roberti. Je voulais savoir…

– Pas d'interview. Pour quel journal travaillez-vous ? l'interrompit sèchement l'attachée de presse.

Décidément elle n'avait pas l'air d'avoir gagné le prix Miss Sympa, Simona Machin…

– *Primate Star*. Euh…

– Ouiiiii. C'est amusant. Bonne journée.

Et Miss Sympa raccrocha. Forcément.

Primate Star. Andrea était au bord de la crise de nerfs, mais au moins ça la fit rire. Nerveusement.

Elle était novice, certes, mais pas vaincue, elle n'allait pas lâcher le morceau si vite. Elle rappela Marco. Il répondit. Elle lui raconta tout d'un trait. Elle avait retrouvé toute sa verve et sa fougue. C'était un fleuve en crue qui emportait ses interlocuteurs. Et Marco se serait volontiers transformé en brindille pour la suivre jusqu'au bout du monde.

– Laisse-moi passer quelques coups de fil.

C'est tout ce qu'il lui avait dit. La concision des pros… Elle regarda l'heure : 20 h 20 ! Déjà ! Pourquoi le temps filait-il si vite quand elle en avait désespérément besoin ? Pourquoi les journées n'avaient-elles pas quarante heures quand elle en avait besoin ? Où était Roberti ? À cet instant précis de la journée, qu'était-il en train de faire ?

Danilo entra.

– Ma cocotte, je suis désolé, mais je dois fermer.

– Oui, oui, j'ai fini. Ça te dérange pas si je reviens demain matin tôt ?

– Non, J'ouvre à 10 heures. Mais pour toi je viendrai à 9 heures.

Andrea soupira. À 9 heures… C'était très tard.

Sur la piste de l'étoile

– Le football m'a toujours fasciné, même si je n'ai pas le temps d'aller au stade aussi souvent que je le voudrais. Je ne l'ai jamais dit avant, mais c'est vrai, j'aurais aimé être Paolo Rossi. C'est votre papa, je crois, non ?

Dennis Roberti offre son plus beau sourire à une Andrea subjuguée. Il faut admettre que le chanteur a du charme et qu'il sait en user. Elle est au comble du bonheur : elle va devenir la journaliste la plus célèbre de la planète, c'est sûr.

Le beau Dennis Roberti se saisit d'un verre d'eau. Au moment où il le porte à ses lèvres, il explose entre ses mains.

Andrea se réveilla en sursaut. Elle était en nage. Elle comprit qu'elle venait de faire tomber le verre de sa table de chevet à force de se tourner et se retourner dans son lit.

« Calme, calme, calme. »

Elle regarda l'heure : à peine 6 h 30.

Ah ! si seulement ça avait été comme dans son rêve… elle se voyait arriver triomphante devant Maurizi qui lui aurait dit : « C'est bien Margheri, félicitations, toi tu es bien une vraie, une pro ! » Peut-être même qu'en prime, il l'aurait embauchée immédiatement et à partir de ce moment elle aurait eu une rubrique rien que pour elle, et alors là…

Alors là…

En premier lieu, elle allait appeler Marco pour savoir s'il avait du nouveau. La veille au soir, il ne lui avait rien fait savoir et elle n'avait pas osé le rappeler mais maintenant il n'y avait plus de temps à perdre.

6 h 33. Dix minutes plus tard elle faisait un jogging autour de la Garbatella. Au premier tour elle était désespérée, au troisième ça allait mieux, au dixième Roberti lui proposait d'écrire un bouquin sur sa vie de footballeur caché, au quinzième elle présentait « La Domenica Sportiva[6] », au vingtième elle était lessivée mais d'attaque.

À 9 h 02, Andrea était devant l'ordinateur, à 9 h 03, elle téléphonait à Marco.

– Mais Andrea, quelle heure est-il ?

– Il est très tard. Dis-moi, tu as du nouveau pour moi ?

– Oui, merci, bonjour, je suis content de savoir que tu vas bien.

– Allez Marco, j'ai pas le temps de plaisanter. Je flippe.

---

6. Célèbre émission de sport en Italie..

– Je sais, je sais mais ça, il faudra t'y faire, pas de strass sans stress, c'est bien connu. Je me suis couché il y a pas longtemps. Je te rappelle dès que je suis sûr que je ne suis pas dans un mauvais rêve. OK ?

Non, pas OK, mais qu'est-ce qu'elle pouvait faire ? Elle se remémora son rêve et s'aperçut qu'elle ne connaissait rien de Roberti. À part qu'il « dansait via Esperanza » et qu'il « brûlait au soleil de ton ombre », ses deux derniers tubes. En admettant, en admettant… qu'elle le rencontre qu'est-ce qu'elle allait bien pouvoir lui dire ???

Après trois heures passées sur Internet, elle savait qu'il adorait les chocolats et les chiens, qu'il préférait les brunes aux blondes, qu'il détestait les journalistes (bien ! encourageant !) et qu'il avait trois villas, une à Venise, une à Paris et une à Malibu. Elle pouvait débiter de mémoire ses films préférés, chaque titre de son répertoire, le nombre impressionnant de gens qui travaillaient avec ou pour lui. À force d'avoir visionné des centaines de photos de Roberti, son sourire s'était gravé dans son cerveau de façon indélébile. Au bout de deux heures, ce sourire lui donnait la nausée ! Il avait bien entendu un fan-club officiel et en désespoir de cause elle s'y était carrément inscrite, en donnant l'adresse mail du Villari. Au cas où…

Et de Marco, toujours rien… il l'avait laissée choir quand elle avait le plus besoin de lui.

Danilo entra avec un sandwich et un jus d'orange qu'il lui déposa gentiment sur le bureau. Elle s'en rendit à peine compte, tant elle était préoccupée. Elle venait tout juste de se rappeler que le père de Claudia travaillait dans une agence de communication, peut-être qu'il pouvait l'aider. Elle n'avait pas son numéro, mais elle pouvait essayer d'en parler à son amie. Il était 15 heures, Claudia devait être à sa boutique. Elle l'appela sur son portable. Claudia avait la chance d'en avoir un. Elle répondit d'une voix essoufflée, alors qu'Andrea s'apprêtait à raccrocher.

– Claaa ?

– Andrea… salut, répondit Claudia dans un chuchotement.

– Mais… je te dérange ? demanda Andrea intriguée.

– Pas du tout… Je suis en train de craquer sur un petit ensemble, je te dis pas, rose avec des petits nœuds bleus, ça paraît nunuche comme ça, mais il est divin.

– Tu es à ta boutique ?

– Oui. Enfin, non. Pas à la mienne. Je suis à ma boutique préférée, si tu veux. Tu le dis à personne hein ?

– Non, mais…

– Bon alors qu'est-ce que tu me conseilles ? C'est pas donné, mais franchement je ne peux pas repartir sans ! Luigi va adorer ! Si je l'achète pas, il m'en voudra, non ?

– Écoute petite sœur j'ai un service à te demander.

– Tout ce que tu voudras, mais dis-moi d'abord que j'ai raison d'acheter cette petite merveille de tailleur de folie !

– Achète, Claudia, achète ! Rien qu'à l'entendre, il te va comme un gant.

– Qu'est-ce que tu veux je ne peux pas résister au cri du tailleur rose l'après midi au fond des bacs ! Merci Andrea. Merci. Le ciel te le revaudra. Je peux t'aider sur quoi, à part sur le foot ?

– J'ai besoin du numéro de téléphone de ton père.

– C'est nouveau, ça. Qu'est-ce que tu lui veux, à papa ?!

– Savoir si grâce à ses relations dans la com' il peut me dégoter le téléphone de Dennis Roberti.

– Dennis Roberti ? Rien que ça ! Mais il est pas footballeur, lui ! Moi, Roberti j'adore, remarque. *Je brûle au soleil de ton ombre*, j'adore. Mais tu sais, mon père ça fait bien six mois que je l'ai pas vu…

– Tu peux pas le rappeler ?

– Franchement Andrea, je t'adore, mais on n'est pas très bons termes depuis que je suis avec Luigi. J'ai vraiment pas envie de lui parler.

– Je comprends. C'est pas grave.

– C'est comment les paroles déjà ? « Dans tes yeux si noirs… »

– … je sombre.

– C'est ça, « je sombre ».

Andrea comprit tout de suite que la piste « papa de Claudia » s'arrêtait net. Elle abrégea.

– Bon, merci petite sœur. C'est pas grave. Bises à Luigi, à ta maman et à ton nouveau tailleur ! *Ciao bella.*

Et elle raccrocha.

16 heures. Elle réessaya le numéro de Roberti, au cas où hier elle se serait trompée et qu'aujourd'hui, ô miracle, le numéro serait bon…

– Il n'y a pas d'abonné au numéro que…

Et Marco qui avait disparu ! Elle était furieuse contre lui.

Elle retourna sur Internet pour vérifier s'il y avait quelque chose de nouveau mis en ligne sur Roberti. Rien.

Elle posa la tête sur le bureau les yeux grands ouverts : elle ne savait vraiment pas comment faire, rien ne lui venait à l'esprit. Elle se demandait en désespoir de cause, s'il ne fallait pas appeler Maurizi, pour lui demander s'il pouvait lui donner une autre chance, en priant pour que cette fois-ci il ne lui demande pas d'interviewer le pape. Quoique au moins, Andrea n'aurait aucun mal à localiser le Saint-Père, le monde entier connaissait son adresse.

Le téléphone sonna. Marco, sûrement. Pas trop tôt. Elle durcit sa voix.

– Allô.

– Andrea ? Écoute-moi bien. Roberti est à Rome.

– Répète !

– Roberti est à Rome. Mais il est là incognito, du moins c'est ce qu'il veut faire croire. Il est arrivé en avance par rapport à ce qui était prévu, mais il ne veut parler à personne. J'ai eu l'info par un pote qui revient de Montréal, il a pris le même vol que lui. Je me suis débrouillé pour le « loger » : il est descendu au Leonardo da Vinci, tu sais dans la rue des Gracchi. Il est arrivé il y a une heure. Alors qu'est-ce qu'on dit à son meilleur ami ?

– Rue des Gracchi, hein ? J'y vais.

Elle s'en voulut deux secondes et demie, elle ne l'avait même pas remercié. On verrait plus tard.

Presque 17 heures. Elle sortit en courant du bureau du président de Villari oubliant d'éteindre l'ordinateur dont l'écran affichait le sourire conquérant d'un certain Dennis Roberti.

À 17 h 30 elle était dans le hall de l'hôtel Leonardo da Vinci.

Dennis Roberti

Deux heures et demie plus tard, elle commençait à sentir les effets d'une nuit d'insomnie et de deux jours en apnée. Elle s'était postée au bar de l'hôtel, de façon à contrôler qui entrait et qui sortait.

Quand elle était arrivée, elle avait bien remarqué que le chasseur et quelques autres membres du personnel de l'hôtel la regardaient d'un drôle d'air. Les questions du barman lui firent immédiatement comprendre pourquoi.

– Bonjour, Mademoiselle. Qu'est-ce que je vous sers ?

– Bonjour… heu… un café.

– Un café ? Permettez-moi de vous dire que ce n'est pas trop recommandé après un effort violent.

– Pardon ?

– Mademoiselle ne revient pas de son jogging ?

Horreur et damnation, faute dans la surface, penalty. Elle ne s'était pas changée depuis le matin ! Elle était en tenue de jogging : maillot de l'Italie, petit short, Nike. Heureusement, elle avait pris son petit sac avec son carnet pour l'interview, son portefeuille et le bracelet porte-bonheur de l'Homme de sa vie. Que faire ? Revenir chez elle pour se changer et mettre tout par terre ? Elle prit très vite sa décision.

– Si. Mais qu'est-ce que vous voulez, courir ça m'endort. Question de métabolisme.

– Dans ce cas…

À son quatrième café, le barman commençait à la fixer, très intrigué. Elle essayait de se donner une contenance en lisant le même magazine inepte qui traitait de la lutte sans pitié que se livraient les coiffures « boléro » et les coupes « Roméo » à la garçonne. Inepte. Elle remarqua que dans les endroits luxueux, les tenues les plus fantaisistes semblaient faire parties du décor. Être comme tout le monde était suspect.

L'absence de foule en délire devant l'hôtel lui confirma que la nouvelle de la présence de la star n'avait toujours pas été divulguée. Mais il n'y avait pas non plus de Denis Roberti. La seule chose à faire était d'attendre : s'il était dans sa chambre, tôt ou tard il en sortirait, s'il en était sorti, tôt ou tard il rentrerait. Et si au lieu de ça il ne bougeait pas de sa chambre ou s'il rentrait à 5 heures du matin, et bien… elle aviserait.

Gling ! L'ascenseur venait d'atteindre le hall, tirant Andrea de ses élucubrations.

Dennis Roberti était en train de sortir, précédé par deux gigantesques gardes du corps. Dans le hall quelques clients le reconnurent. Andrea faillit se casser la figure du tabouret sur lequel elle était juchée. Elle se précipita.

– Monsieur Roberti !

Les deux gardes firent immédiatement rempart de leurs corps pour protéger leur patron. Ils repoussèrent Andrea qui faillit une nouvelle fois s'étaler de tout son long.

À ce moment-là, le miracle se produisit. Roberti posa ses mythiques yeux verts sur Andrea. Il crut que c'était une jeune fille qui voulait un autographe.

– Donne-moi un bout de papier et dis-moi comment tu t'appelles…

– Je ne veux pas d'autographe, Dennis. Je voudrais simplement une interview.

Les gardes étaient sur le point d'intervenir à nouveau, mais il les arrêta d'un geste. Roberti regarda un peu mieux la jeune femme qui se tenait devant lui. Avec une tenue comme celle-là, cette fille n'était sûrement pas journaliste, peut-être journaliste pour le fanzine de son lycée. Elle était ébouriffée, pâle, et fichtrement bien balancée. Des jambes à se damner… Elle avait bien raison de se balader en petit short cette demoiselle, des jambes comme ça, ça aurait été criminel de les cacher. Roberti détestait les journalistes, mais adorait les jolies jambes.

– C'est bon. Mettons-nous deux minutes au bar. Sur les tabourets…

C'était si simple.

Andrea sortit rapidement son bloc-notes de son sac, avant que Dennis Roberti ne change d'avis. Et avant qu'elle ne se rende compte qu'elle était en train de faire la première interview de sa vie.

Elle ne comprit pas pourquoi Roberti resta debout durant toute la durée de l'interview.

Le grand jour était enfin arrivé. On était dimanche, le jour de *Private Star*. *Private Star* l'hebdomadaire le plus prestigieux d'Italie, l'hebdomadaire auquel Andrea Margheri collaborait, *Private Star* où ce dimanche 23 janvier 1994 figurait sa signature, en caractères gras.

Elle avait recommandé d'acheter *Private Star* à tous ses amis, à sa mère, à tous ceux qu'elle avait vus même une seule fois dans sa vie, à Luigi, à Claudia et à la totalité des *tifosi* du Villari. Ils pourraient admirer sa signature. Elle avait mis son réveil à 7 heures pour être la première devant le kiosque à journaux de la piazza Sauli qui le dimanche ouvrait à 7 h 30. À 7 h 30 donc, elle acheta cinq exemplaires de *Private Star*. Elle n'avait pas voulu les ouvrir en pleine rue et s'était dépêchée de regagner l'appartement maternel afin de réserver l'exclusivité de sa fierté et de sa probable émotion à la sphère intime de sa chambre de jeune fille. Maintenant elle avait l'hebdomadaire devant elle et ses mains tremblaient.

Elle ouvrit lentement le journal. D'un coup d'œil rapide, elle vit tout de suite que le sommaire ne comportait aucune référence à Roberti. Bizarre, peut-être voulaient-ils jouer sur l'effet de surprise, se dit-elle pour se rassurer. Elle commença à parcourir le journal avec un frisson d'anxiété qui commençait à lui nouer l'estomac. Rien. Frénétiquement elle se mit à compulser *Private Star* page par page, détaillant chaque page au cas où… Elle mit cinquante secondes pour comprendre qu'il n'y avait aucune interview de Roberti et encore moins la sienne. Et moins d'une seconde pour se sentir mal. Très mal.

Que s'était-il passé ?

Elle aurait voulu disparaître.

Le téléphone sonna.

– Allô ?

– Andrea ? J'ai acheté ton journal, avec Luigi on a cherché partout et t'y es pas ! Ben alors ?

Andrea détesta Claudia.

Elle s'obligea à lui répondre d'une voix sans timbre :

– Je ne sais pas, il doit y avoir une erreur.

Et elle éclata en sanglots.

Quand finalement elle réussit à parler avec Maurizi, celui-ci, sans tourner outre mesure autour du pot, lui dit d'un ton brusque :

– On a un sujet sur Pamela Anderson qui nous est arrivé, alors ça a été vite vu. *Exit* Roberti. Qu'est-ce qu'il y a ? Il sortira un de ces quatre, ton Roberti. Tu sais c'est comme ça, la presse, priorité à l'actu. Si tu comprends pas ça, vaut mieux que tu laisses tomber. Faut t'y faire.

Elle allait s'y faire, mais pour l'instant elle ne s'y faisait pas. S'il pensait qu'elle allait « laisser tomber », il se trompait. Tôt ou tard l'interview en pleine page sortirait, c'était juste une question de temps.

L'article ne sortit jamais et le monde ne sut jamais que Denis Roberti ne s'intéressait pas du tout au football, sauf peut-être au football féminin.

« La liberté, c'est de choisir de faire de ses défaites d'aujourd'hui ses victoires de demain. »

« *Angie* »

Andrea avait fait un tel scandale dans le bureau de Maurizi qu'il lui avait redonné immédiatement du travail.

En fait, Maurizi avait lu son papier.

Il l'avait trouvé plutôt moins mal tourné que ce qu'il avait l'habitude de lire. Mais Roberti ayant divorcé de sa basketteuse de femme trois jours plus tard, cette histoire de foot ne faisait plus du tout partie de son actualité.

Maurizi avait été bluffé par le culot et la malice d'Andrea qui n'avait pas hésité à aller en short à l'hôtel Leonardo da Vinci, histoire de passer inaperçue de tout le monde sauf de Roberti. C'était le barman de l'hôtel qui le lui avait rapporté. Maurizi connaissait les barmen de tous les bars branchés de la capitale, c'était indispensable quand on était rédacteur en chef d'un journal tel que *Private Star*. Le coup du short valait bien qu'on donne sa chance à cette môme. Elle en voulait.

Comme elle débutait, il trouva juste de la payer comme une débutante, c'est-à-dire très peu et au compte-gouttes.

Andrea était entrée dans la vie active. Avec l'aide de Marco, de Claudia et de Danilo, elle avait déménagé le 1er février. Roberta avait assez mal pris le départ soudain de sa fille. Peut-être avait-elle atteint la majorité, peut-être était-elle une femme libre, peut-être travaillait-elle pour s'assumer, mais ce n'étaient pas des raisons suffisantes pour abandonner sa mère ! Rien que de bien classique.

Andrea avait réussi à se trouver une chambre meublée dans le quartier de San Giovanni, pas très loin de la Garbatella et du Villari, où elle se rendait tous les matins.

Quand elle lui avait fait visiter la chambre inoccupée de son appartement, Mme Angélina Leonardi s'était avérée être une charmante vieille dame, tout en douceur et en générosité.

Une fois sa chambre louée, la mamie confiture muta peau de vache. Un enfer. « Angie » comme l'avait surnommée Andrea, avait institué une loi, la loi Leonardi, à laquelle devait se soumettre toute personne passant le pas de sa porte et *a fortiori* sa locataire.

La loi Leonardi comprenait de nombreux décrets dont le non-respect signifiait l'expulsion immédiate du contrevenant : payer absolument sans retard le loyer chaque 30 du mois, ne jamais emmener un élément masculin dans sa chambre, ne jamais emmener un élément féminin dans sa chambre, ne jamais emmener un élément animal dans sa chambre, ne pas rentrer plus tard que 21 heures, ne pas laisser une miette sur la table de la cuisine et en général ne rien utiliser de la maison sans autorisation préalable de madame. Au bout du compte, Andrea avait l'impression de ne pas pouvoir respirer sans l'autorisation préalable de madame.

Au début, elle avait eu envie de pleurer : elle regrettait amèrement sa mère. Il lui semblait loin le temps insouciant où elle partageait les humeurs de Roberta. Mais plutôt mourir que de l'avouer. Son journal lui permit d'évacuer le trop-plein de son ressentiment vis-à-vis de sa logeuse tout droit sortie du *Pentamerone*.

Florilège.

17 février 1994

Je le crois pas ! Elle m'a demandé de faire moins de bruit avec... mon baladeur. Quand je lui demande de baisser sa télévision, elle fait la petite vieille à qui il faut pas en vouloir parce qu'elle est sourde...

28 mars 1994

Aujourd'hui j'ai fait un effort. J'ai apporté à « Angie » des pandoros, Luigi en a encore ramené une cargaison... Elle m'a dit merci du bout de ses vieilles lèvres sèches, comme si je lui cachais quelque chose... Bon, c'est vrai dans quatre jours, je dois lui payer son loyer et Private Star *m'a toujours pas payée !!!*

2 avril 1994

Loyer payé. Ouf. « Angie » a failli s'étouffer avec un pandoro. Je me suis demandé si j'allais lui taper dans le dos pour l'aider. Elle le mérite, pas cette vieille peau. Je me suis contentée de la secouer dans tous les sens et ça a marché. Fallait la voir avec ses binocles de travers… La rigolade.

10 avril 1994

Je ne la supporte plus. Elle est venue fouiner dans ma chambre et m'a demandé qui était « le basané en short » sur le mur de « sa » chambre. Pauvre Henrique.

15 avril 1994

Quelle idiote… Elle m'a fait un sketch parce que je lui ai volé trois radis dans son frigo ! Ils sont fripés et vieux ses radis, qu'est-ce qu'elle s'imagine !!! J'étais tellement énervée que je lui ai mis la tête dans son frigo et j'ai refermé la porte. Elle y est entrée entièrement. Quand je l'ouvrirai, elle sera transformée en cube de glace, il n'y aura plus qu'à l'attaquer au piolet. Qu'est-ce que ce serait bien…

18 avril 1994

Je me suis levée pour voir ce qui se passait et je l'ai trouvée endormie sur son canapé face à la télé qui ne diffusait plus que de la neige. C'était elle qui ronflait comme un kop en colère. Ça m'a donné le cafard. Je ne voudrais pas finir comme ça, à ronfler au mois de juin devant de la neige cathodique, seule. J'en ai la chair de poule.

Il était clair qu'entre sa mère et « Angie », Andrea n'avait pas gagné au change… Jamais personne n'en sut rien. Andrea était trop fière pour se plaindre, les rôles de victime ne lui convenaient pas. Elle avait pensé qu'en travaillant à mi-temps au Villari et en faisant quelques piges pour Maurizi en attendant un engagement dans un magazine de foot, elle pourrait sans problème payer le modeste loyer que lui réclamait chaque premier du mois Mme Leonardi. Elle ne se trompait pas. Elle avait simplement oublié d'inclure dans son budget mensuel de menues dépenses telles que la nourriture, les vêtements et les loisirs. C'était embêtant.

Elle avait beau faire des tours et des tours de son nouveau quartier à petites foulées, les chiffres qu'elle additionnait ou soustrayait dans sa tête s'ingéniaient à aboutir toujours au même résultat : elle ne gagnait pas suffisamment pour se permettre ne serait-ce qu'une incartade. L'incartade la plus folle étant un *zabaione* de chez Giolitti. C'est dire. Et Dieu que c'était difficile pour une Romaine pure jus comme Andrea. La vie sans *zabaione* à Rome, c'était un peu comme un match sans ballon, l'impression qu'il manquait l'essentiel.

Ses articles ou ses brèves étaient payés à la ligne. Un feuillet (25 lignes) était payé 40 000 lires brut, une brève (environ 5 lignes) 8 000 lires brut : une misère. Le barème comportait quelques finasseries qui faisaient le bonheur de tous les fondus de complications administratives et qui justifiaient le salaire des comptables.

Andréa avait compris comment étaient calculés les classements FIFA, selon quels critères étaient départagées les équipes dans les championnats européens et autres joyeusetés réglementant le football international. Elle se fit un devoir, et pour le coup une nécessité, de devenir experte en comptage de lignes, délais d'encaissements et autres calculs savants. Encore une fois, son journal témoignait de cette préoccupation quotidienne.

Extraits.

La tournée de Madonna : 6 lignes : 8 000 lires
Bruce Springsteen : 4 lignes : 6 000 lires
Interview de Mino Reitano : 34 lignes, 50 000 lires
Portrait de Pippo Baudo : 50 lignes, 80 000 lires (merci, Pippo !)
Brève sur le groupe Pooh : 10 000 lires
Déclaration de Umberto Tozzi à propos de sa chanson Ti amo *: juste une ligne mais très longue, 5 000 lires, au moins j'espère…*

Grâce à *Private Star*, elle survivait de son métier. Mais avant d'accéder à son Graal, devenir journaliste sportif, elle apprit à être journaliste tout court, c'est-à-dire à s'armer de patience et à avaler beaucoup de couleuvres.

Maurizi lui laissa écrire quelques articles sur telle ou telle vedette dont l'actualité était aussi brûlante qu'une lampe halogène, mais elle dut se trouver un pseudonyme. Andrea était un prénom masculin, et ça heurtait le machisme de base du rédacteur en chef qu'on pût croire qu'un homme fût l'auteur de trois pages consacrées à tous les changements de look de la chanteuse Anna Oxa. En gros, *Private Star* était un magazine pour les femmes majoritairement écrit par des femmes et pas un magazine de tapettes. Pas de prénom qui pourrait entretenir la confusion. Andrea fut mise en demeure de choisir un pseudonyme. Elle échappa de justesse aux suggestions de

Maurizi et à sa clique d'assistants zélés qui laissèrent libre cours à leur créativité. Carla Miretta, Josefa della Angélisa, Julietta Koukoulina ou sa version anglo-saxonne Juliet Kucool, Elena Stalina pour faire russe, Florence Botticelli ou encore Catarina Della Nuova furent les fruits de leurs intenses réflexions. Un consensus semblait s'être fait sur Florence Botticelli et juste à temps Andrea proposa : Paola Rossi. C'est Paola qui emporta l'adhésion générale. Personne, dans ce magazine « pour les femmes, majoritairement écrit par des femmes », n'avait fait la relation avec le buteur de la Coupe du monde de 1982 (douze ans déjà…).

Suivit une période de vache maigre, sans *zabaione*, qui dura quatre mois, quatre mois à se battre chaque jour avec son porte-monnaie, à angoisser comme une malade sur le loyer à payer, à harceler le comptable de *Private Star* dont les paiements se faisaient trop souvent attendre, à profiter du frichti cuisiné par Danilo chaque midi au Villari. Bref, Andrea entrait dans la vie active. Elle aurait pu se décourager, abandonner la voie difficile dans laquelle elle s'était engagée, mais elle avait décidé en toute humilité d'être le meilleur chroniqueur sportif de la planète question foot, malgré toutes les difficultés qui s'accumulaient entre elle et son rêve. Elle avait écrit sur tous les sujets qui faisaient partie des problématiques existentielles des célébrités du moment : liposuccion, divorce, mariage, maillot de bain, promo, animal domestique, tics, réussite, décapotable ou 4 roues motrices, fêtes et lendemains, mondanités et trivialités, champagne et jet-ski, Botox, thalasso, rodéo, petits bobos, gros chagrins, gloire et boire, has been et come-back, etc. Tout sauf sur le football ! Ce fut une grande leçon pour Andrea : dans la vie réelle les gens n'étaient pas souvent utilisés pour leurs compétences.

Obligée de rentrer à 21 heures, Andrea vécut une existence monacale en profitant pour se consacrer à l'étude… du foot sous toutes ses formes. Elle perfectionnait ainsi son savoir et fourbissait dans cette solitude passagère les armes qui allaient lui permettre de devenir une journaliste incollable sur le sujet. Tout cela sous l'œil d'Henrique dont le poster « balle au pied » semblait veiller sur la jeune femme.

Il lui fallait publier soixante-cinq articles (payés) sur une période de deux ans pour obtenir la carte de pigiste. Elle les écrivit en presque cinq mois, merci *Private Star* et les problèmes de cellulite des stars du petit écran ! Ensuite, il lui fallait être engagée pendant au moins un an et demi par une publication ayant pignon sur rue pour obtenir le droit de passer un concours d'État attribuant la carte de journaliste professionnelle. Un véritable parcours du combattant, mais s'il y avait une chose dont Andrea était sûre, c'est qu'elle était une guerrière. Et Maurizi aussi.

Elle avait envoyé à nouveau son curriculum à tous les journaux traitant de football, mais quand elle précisait qu'elle était une femme, on lui opposait un silence poli. Elle se mordait les lèvres pour ne pas leur dire sa façon de penser, elle était consciente qu'il ne fallait pas se rayer définitivement de la liste des postulants, mais quelquefois ça sortait d'une manière que n'aurait pas reniée le président du Villari.

Pendant ces mois d'apprentissage de la vie réelle, Andrea ne fut pas à prendre avec des pincettes. Ses relations avec les autres s'en ressentirent. Claudia lui offrit un téléphone portable. Pour elle, c'était le dernier gadget à la mode, pour Andrea ce fut un indispensable outil de travail. Elle s'aperçut vite que si Claudia lui avait fait ce cadeau, c'était surtout pour son propre usage. Son amie l'appelait quinze fois par jour pour lui conter les passionnantes péripéties de sa vie de femme de footballeur professionnel. Andrea se demandait si son amie de toujours ne s'ennuyait pas et si au bout du compte, elle n'était pas aussi seule qu'elle.

Andrea traversait une période difficile. Aucune épaule contre laquelle se pelotonner quand elle avait un gros chagrin. La nuit, personne à qui parler, même à voix basse, de ce qui se débattait en elle. Il était peut-être temps pour elle de se dégoter un petit ami, à défaut de l'homme de sa vie.

Fabio

Fabio Valli savait qu'il était beau garçon : cheveux noirs, yeux gris pénétrants, physique athlétique grâce à une fréquentation assidue de la salle de gym, toujours attentif aux détails de son look savamment négligé qui devait coûter une petite fortune.

Dès le début, Andrea l'avait jugé très antipathique.

Il lui avait été présenté par Massimo Castaldi, le bras droit de Maurizi.

Ce jour-là, en arrivant, elle avait trouvé Castaldi, habituellement brusque et expéditif, obséquieux et souriant. Elle s'était immédiatement méfiée.

– Viens, entre, Andrea. Je voudrais te présenter Fabio. Fabio Valli, Andrea Margheri, une de nos collaboratrices.

S'il y avait un mot qu'Andrea détestait, c'était justement « collaboratrice » : il lui semblait que c'était une façon de dire qu'elle n'était pas une vraie journaliste. Elle étira un sourire et donna poliment la main au pseudo-mannequin qui lui faisait face.

– Enchantée.

– Tout le plaisir est pour moi, vraiment.

L'homme lui offrit ce qui assurément devait être un de ses points forts : un sourire de quarante-deux dents qui aurait fait s'évanouir beaucoup de représentantes du sexe féminin. Tandis qu'Andrea, elle, eut une envie soudaine de lui en casser quelques-unes, sans raison précise, par réflexe.

– À partir d'aujourd'hui, Fabio collabore avec nous. Tu lui expliqueras comment ça fonctionne ici, même si je lui en ai un peu parlé, et éventuellement faire équipe hein ?

– Avec grand plaisir, répondit « sourire Pepsodent » en jetant un œil connaisseur à Andrea qui se sentit comme une marchandise qui avait obtenu le label nécessaire à sa vente. Elle ne dit rien, mais l'expression qui s'était figée sur son visage n'était pas des plus encourageante.

– Qui est-ce ?

– Quelqu'un qui veut faire ce métier, comme toi. Il faut toujours donner une chance à ceux qui débutent, non ?

Venant de son boss, Andrea ne crut pas un seul instant à la sincérité de cet altruisme soudain. Mais elle comprenait que Castaldi n'allait pas lui dire « c'est le fils de... donc il écrira pour nous ». Elle saurait bien assez tôt de qui il était le fils, le sourire Pepsodent ; en attendant, il fallait qu'elle fasse attention qu'il ne lui pique pas son boulot. Les places étaient chères, la concurrence impitoyable.

Elle sortit, absorbée dans ses pensées. Il pleuvait abondamment.

– On va prendre un café ?

Fabio Valli l'attendait. Il lui tendait son parapluie. Elle n'avait pas d'échappatoire.

Ils entrèrent dans un café tout proche et, après avoir commandé un chocolat chaud, Andrea se répéta que toute cette antipathie n'avait pas de sens. Ce n'était pas sa faute si Fabio était beau : qui avait dit qu'il ne pouvait pas être journaliste ? Elle était en train de développer les mêmes préjugés qu'elle devait affronter chaque fois qu'elle déclarait vouloir devenir chroniqueur sportif : une femme ? Jeune ? Pour parler de foot ?

– Alors ?

– Alors quoi ? Non, excuse-moi Fabio, j'étais distraite.

– Oui, je m'en suis aperçu. Alors, je peux t'appeler quelquefois ? Si tu peux me donner quelques tuyaux sur les coups difficiles…

– C'est d'accord.

Le portable sonna.

– Excuse-moi, Andrea…

– Je t'en prie.

Il lui était tout de suite moins antipathique. Elle était flattée qu'il lui demande de l'aide, à elle la tatouée, avec ses presque quatre mois d'expérience ! Non, vraiment il commençait à lui plaire.

– C'est d'accord, mon amour, à très vite.

– …

– Ma femme, s'excusa-t-il.

Andrea fut presque déçue.

– Ah ! Tu es marié ?

Elle regarda sa main où il n'y avait pas d'alliance.

– Oui, depuis un an.

– Tout juste marié, alors… félicitations.

– Merci…

Andrea crut comprendre que ça ne l'enthousiasmait pas plus que ça.

– Et toi, tu es mariée ?

– Non. Je sors avec quelqu'un, répondit-elle en pensant à « Angie ».

Elle s'aperçut qu'il pleuvait moins.

– Bon, je dois y aller maintenant.

– Laisse-moi ton numéro, Andrea.

– Ah ! oui. Tiens.

Elle gribouilla le numéro de téléphone et se leva. Il lui tendit sa carte.

– Tiens, mes coordonnées… De quel côté vas-tu ?

– San Giovanni.

– Dommage, moi j'habite dans la zone nord de Rome. Je t'appelle.

– C'est bon. Ciao.

Un rapide baiser sur la joue et Andrea avait déjà disparu. Elle n'avait aucune intention de téléphoner à Valli.

En revanche, celui-ci ne s'en priva pas. C'était un adepte du texto, il lui en envoyait pratiquement chaque jour. Toujours des plaisanteries ou des histoires drôles qui faisaient sourire Andrea. Quelquefois elle éclatait même de rire.

Ils échangeaient des idées et des conseils, toujours autour d'une tasse de chocolat. C'était devenu une sorte de rendez-vous hebdomadaire.

Elle lui confia, pour la tester, une idée qui lui trottait dans la tête depuis pas mal de temps. Elle se disait que ce serait original d'ouvrir une rubrique intitulée « Moi je le connais bien », dont les vedettes seraient les proches des stars ou les personnes à leur service, chauffeur, garde du corps, baby-sitter, etc. La réaction de Fabio ne fut pas des plus enthousiastes, Andrea n'insista pas.

Un jour, la question fatale tomba :

– Mais tu as vraiment une passion pour le foot, hein ?

– Oui. J'adore ça.

– C'est rare pour une femme.

– C'est bizarre… C'est une phrase que personne ne m'a jamais dite…

Il la regarda et puis ils éclatèrent de rire tous les deux.

– Excuse-moi, tu as raison, ce n'est pas très original. Ça doit être comme pour ton nom, j'imagine.

– À chaque fois que je me présente quelque part, c'est toujours la même chose : Andrea Margheri ? C'est vous Andrea ? Mais je pensais à un homme barbu et je me trouve face…

– À une beauté.

– Merci.

Pour le coup, Andrea piqua un fard d'anthologie. Elle crut masquer son trouble en faisant semblant d'avoir avalé de travers. Mais Fabio ne fut pas dupe. Il savait que ses mots avaient atteint leur cible.

La semaine suivante, il poussa son avantage en disant la seule chose qu'il n'avait jamais dite auparavant à une femme, parce qu'il n'y en avait qu'une pour l'entendre et l'apprécier :

– Si tu veux, on peut aller au stade ensemble.

– Au st… ? Mais qu'est-ce que tu dis ?

– La semaine prochaine, il y a Italie-Suisse, non ? On a qu'à aller ensemble en tribune de presse. Laisse-moi faire.

« Match » + « squadra » + « stadio Olimpico » + « tribune de presse », Fabio avait trouvé la formule magique.

– Merciiiiiiiiiiiiii !!!

Et elle lui sauta au cou de joie. Fabio essaya de la retenir contre lui, mais « ensemble » ne faisait pas partie de la formule. Elle se dégagea.

– Bien, alors je m'occupe de tout.

– Génial ! J'attends de tes nouvelles !!!

Et Fabio la regarda s'échapper. Il commençait à être habitué.

Tout sur les… dessous

L'Eur (Esposizione Universale di Roma) est l'un des quartiers résidentiels situés dans la partie sud de Rome et c'est aussi l'un des plus modernes.

Conçu à la fin des années trente, mais terminé seulement à la fin des années cinquante, l'Eur est caractérisé par une architecture à l'empreinte fasciste dont le plus célèbre bâtiment est « le Colisée carré », un cube monumental composé de 216 arcs blancs. L'Eur est devenu un centre d'affaires, mais aussi la promenade de beaucoup de Romains, ils peuvent y pratiquer l'aviron sur un petit lac artificiel enchâssé dans un magnifique parc. Pas très loin, il y a des villas cachées dans la verdure et des maisons de luxe, souvent habitées par des stars du Calcio.

Gianni Morandi avait été vu dans une bijouterie de viale Europa, où sont présentes les enseignes les plus prestigieuses. Espérant décrocher quelques mots de la star bolognaise, Andrea s'y était précipitée avec le photographe de *Private Star*. Mais elle avait fait chou blanc, l'info s'était révélée inexacte. N'ayant pas de quoi s'acheter la première goutte de la rivière de diamants qu'exposait le bijoutier, Andrea décida de faire un tour dans les magasins du quartier, histoire de baver devant toutes ces merveilles. Elle prit donc congé de Giuseppe, le photographe.

C'était bon pour une fois de ne pas avoir à consulter sa montre chaque seconde. La folie du mois aurait été de se payer une bouteille de parfum, taille « mignonnette » bien entendu. Lequel ? Bulgari, peut-être ? Non, en ce moment elle se sentait plus Cacharel. Ou peut-être Dolce & Gabbana. Ou encore Calvin Klein… pour le moment, le problème ne se posait pas, la réponse était : rien,. Existait-il un parfum qui s'appelait « Rien » ? Ça aurait pu être une idée sympa. Elle entra dans un bar et commanda un café. Ça, au moins, elle pouvait se le payer. Et puis il est bien connu que rien ne vaut un café italien…

Elle reprit sa promenade. Elle déambulait devant les vitrines en admirant les trésors qu'elles recelaient. Elle s'était mise tout de suite dans la peau d'une touriste dans un musée exposant les vestiges d'une civilisation étrangère : la peuplade des gens riches.

Son attention fut soudain attirée par ce que diffusait une télévision à l'intérieur d'une boutique. Elle y entra et s'aperçut tout de suite que son intuition ne l'avait pas trompée. C'était Henrique, oui, Henrique dos Reis Moreira, qui parlait à la télé !

La télévision avait été placée sur le comptoir, de façon à ce qu'elle soit vue par le personnel sans attirer l'attention de la clientèle. Andrea s'était littéralement arrêtée face à un miroir qui reflétait les images de son idole, l'Homme de sa vie.

– Bonjour, vous désirez ?

Quelqu'un était en train de lui parler, ou plutôt était en train de la déranger tandis qu'elle était très concentrée à chercher à comprendre où était Henrique et ce qu'il était en train de dire. D'un geste agacé, elle intima l'ordre de se taire à l'importun. Henrique parlait…

– … Ma vie au Portugal est très belle. Bien sûr, j'ai un magnifique souvenir de ma seule année à Florence, les supporters ont été fantastiques…

« Évidemment, tu m'as rencontrée… », sourit satisfaite Andrea. Mais la voix insistait.

– Vous désirez, Mademoiselle ?

À contrecœur et irritée, elle s'obligea à répondre un faible « Eh ? » au type qui la dérangeait, juste quand Henrique affirmait :

– Bien sûr, un jour j'aimerais revenir en Italie.

– Vous avez vu quelque chose en particulier ?

« Quelle question idiote… », se dit-elle. Elle lui répondit :

– Non, décidez-vous.

Il lui sembla capter une expression de surprise chez son interlocuteur mais ils étaient en train de montrer un extraordinaire but de Henrique et elle n'avait pas le temps de s'y arrêter.

C'était un numéro de « Tout sur… », une émission entièrement consacrée à une célébrité différente chaque semaine, Henrique en l'occurrence.

Et elle avait failli le louper !!! Heureusement, la Madone veillait sur elle !

– Pour une brune, il faut du rouge. Que pensez-vous de celui-ci ?

Encore lui, mais qu'est-ce qu'il voulait ? Les gens sont extraordinaires...

Tout à coup, un soutien-gorge en satin rouge s'interposa entre Henrique et elle. C'était le type aux questions idiotes qui le tenait devant Andrea.

– Eh ?

Mais où avait-elle échoué ? Ou plutôt, où était-elle entrée ? Que diable vendait ce type ? Alors seulement elle se rendit compte que c'était une boutique de lingerie, un paradis de soie, satin, dentelles, une profusion de rouge, blanc, noir, gris, bleu, de guêpières et de porte-jarretelles, de bas, de petites culottes et de nuisettes qui auraient réveillé même le plus tiède des hommes. Il y en avait des longues, des courtes, des transparentes, des brodées, il y avait des bodys de tulle et couverts par des rubans intrigants. Il y avait des boxers de femme, des soutiens-gorge à balconnet... Et au milieu de toute cette débauche de dentelles et de soie Henrique déclarait : « C'est vrai, j'aime bien faire trembler les filets. »

– La cabine d'essayage est de ce côté.

Et c'est ainsi qu'Andrea se retrouva dans une cabine d'essayage avec deux petits chiffons dans la main, un soutien-gorge et une culotte string assortie. Elle était obligée de se déshabiller complètement pour essayer cet absurde ensemble rouge. Elle devait enlever ses tennis et son jeans, son petit pull-over et son blouson. Tout en tentant de ne rien perdre des interventions de son héros, c'était pas simple.

Elle n'avait jamais porté de choses comme ça auparavant et tout en enfilant le soutien-gorge elle dut s'avouer que ça n'était pas si désagréable.

Elle regarda le prix par curiosité : 500 000 lires, et elle eut envie de rire mais juste à ce moment-là elle entendit Henrique :

– Ma couleur préférée ? C'est le blanc.

Elle mit aussitôt la tête hors de la cabine.

– Je voudrais quelque chose de blanc, ce rouge est vulgaire.

Tandis que le vendeur s'éloignait pour répondre à la demande de cette curieuse cliente, Andrea en profita pour regarder Henrique.

– Qu'est-ce que je ferai quand j'arrêterai de jouer ? C'est trop tôt pour y penser… pour le moment, je veux continuer à prendre du plaisir, à vivre ma passion avec les gens que j'aime.

Il regarda fixement l'écran, Andrea eut la sensation qu'il était en train de lui parler à elle. Pendant ce temps, l'autre était revenu avec un soutien-gorge blanc, un bustier plein de rubans en soie et une petite culotte en dentelle tellement transparente qu'Andrea eut du mal à la distinguer.

– Je crois que c'est la bonne taille. À vue d'œil vous devez faire un 42[7].

---

7. Une taille 42 italienne correspond à une taille 38 française.

« À vue d'œil ». Quelle expression idiote… Pour qu'il lui fiche la paix et la laisse écouter Henrique, elle s'empara des trois pièces de lingerie. Qu'est-ce qu'il en savait, d'abord, qu'elle faisait du 42 ? Elle commença à les enfiler en bougonnant quand une samba brésilienne retentit. Elle ne put s'empêcher d'entrouvrir le rideau de la cabine pour ne rien rater de son Henrique.

Le vendeur écarquilla les yeux, lui non plus ne ratait rien :

– Vous avez raison, le blanc vous va vraiment bien…

Andrea le toisa un millième de seconde pour revenir illico au téléviseur où elle put admirer Henrique dansant la samba. Elle était tout bonnement fascinée.

– Après la pub, vous saurez tout sur la vie privée de Henrique dos Reis Moreira, le prodige brésilien, annonça l'animatrice.

Andrea ne voulut rater ça pour rien au monde. Donc, en essayant un sourire Fabio, elle demanda au type qui était toujours au spectacle :

– Je pourrais essayer quelque chose en gris ? Le blanc c'est… c'est pas… enfin…

– Bien sûr. Toujours dans le même genre ? Ou vous préférez une nuisette… ? Ça dépend de ce que vous avez en tête… ajouta-t-il malicieusement.

Elle ne releva pas…

– Va pour la nuisette, répondit-elle en refermant le rideau d'un coup sec. Et l'homme vola à la recherche d'une nuisette. Il en prit trois, deux gris clair, et une un peu plus foncée. À la télé, les pubs n'en finissaient pas et toujours pas la suite de l'émission !..

Le vendeur était déjà revenu. C'était Speedy Gonzales ou le coyote de *Bip Bip*, ce type. Mais il n'avait rien d'autre à faire que de s'occuper d'elle ? Possible qu'elle soit la seule cliente de la journée. Au prix du centimètre carré de tissu pratiqué dans cette boutique, ce n'était pas étonnant.

–Voilà !

– Merci.

Et Andrea disparut encore. Mais que diable lui avait-il amené ? L'une des nuisettes était tellement étroite – elle était en stretch – qu'elle avait du mal à y entrer. Elle inspira profondément et réussit à l'enfiler. Elle était très courte, ça ne lui arrivait même pas à mi-cuisse et elle dessinait de façon sublime la forme du corps. Le prix : 800 000 lires.

À cet instant, elle entendit la voix de la journaliste :

– Il y a quelque mois, on l'a marié à Rosaria Palustri, une très jeune star du porno, puis on a parlé d'une étudiante espagnole, Ines Gomes, et enfin de l'actrice Elena Trotska. Trois femmes bien différentes, comme on peut le constater sur ces images…

Andrea ne résista pas à la tentation, elle ouvrit d'un coup le rideau de la cabine.

– Leur point commun étant une beauté…

– Chavirante… commenta le type blond qui semblait ne pas vraiment réussir à apprécier la valeur du silence.

– Chavirante ? Je ne vois pas ce que vous leur trouvez, s'insurgea-t-elle, les yeux fixés sur le petit écran.

– À vrai dire, je ne parlais pas d'elles…

C'est en suivant son regard qu'Andrea se rendit compte qu'elle n'était vêtue que de la seule nuisette grise. À l'extérieur, trois badauds semblaient au spectacle, fronts collés à la vitrine. Elle essaya de se donner une contenance et referma le rideau.

– Bon… On essaye la noire ?

Il se dépêcha d'obéir. Sur le comptoir du magasin commençaient à s'accumuler tous les ensembles qu'Andrea avait essayés jusque-là. L'homme ne semblait pas contrarié par tout ce travail et le public derrière la vitre avait déjà doublé.

Henrique à la télévision continuait à parler de sa vie « sentimentale ».

Il n'avait pas plus tôt avoué :

– La femme de ma vie ? Non, je ne crois pas l'avoir rencontrée…

… que le vendeur était déjà revenu les bras chargés d'une profusion de dessous de soie noire, dans laquelle se détachait un superbe porte-jarretelles rose.

– J'ai pensé que cette touche rose serait du plus bel effet.

Le sourire éclatant qu'il affichait, son teint bronzé de surfeur californien, ses yeux plus bleus que le ciel au-dessus de leurs têtes, laissèrent rêveuse Andrea l'espace d'une demi-seconde. Elle se mit à essayer une magnifique guêpière avec une drôle de sensation dans la tête. Henrique la fit revenir à la réalité.

– Je vais vous raconter une anecdote qui m'est arrivée il y a quelque temps, lors de ma saison italienne…

Tout en enfilant un bas, Andrea était suspendue à ce qu'allait dire Henrique. Ça ne pouvait que la concerner.

– J'ai rencontré une fille qui restera à jamais dans ma mémoire, j'allais au stade Artemio Franchi quand tout à coup…

Il allait parler d'elle, O-BLI-GA-TOI-RE-MENT. Mais… Plus rien. Le son était coupé !!! Andrea sortit la tête de la cabine comme un suricate de son terrier. Elle se précipita, traversant les quelques mètres qui la séparaient du téléviseur en petite tenue. Elle portait une guêpière noire, un bas droit blanc, un bas gauche en résille rouge, et un porte-jarretelles rose fuchsia. Elle tritura désespérément les boutons de la télévision. Dans la rue la quinzaine de personnes qui à cet instant constituait son public se mirent à applaudir à tout rompre. Andrea se retourna, ne comprenant pas que ces applaudissements lui étaient adressés. Elle avisa la télécommande dans la main du surfer et s'en empara pour rétablir le son. Trop tard.

– Un baiser au public féminin de « Tout sur… », était en train de dire Henrique, tout en joignant le geste à la parole à l'intention des téléspectateurs. Andrea en aurait pleuré. Elle regarda le vendeur avec quelque chose dans le regard qui s'apparentait à un désir de meurtre. Andrea avait raté la fin, là où Henrique avait sûrement parlé d'une « belle inconnue qu'il avait tenue dans ses bras et qui avait disparu ». Il lui avait peut-être fait une déclaration d'amour en direct et elle, elle n'avait rien entendu parce qu'un type avait baissé le volume de la télévision !!! Incroyable. Il n'y avait aucun respect pour les désirs de la clientèle. Le patron ou la patronne auraient dû le renvoyer à sa planche de surf.

– Désolé, je croyais que ça vous dérangeait…

Elle rentra toute raide dans la cabine. Furieuse, hors d'elle-même, elle glissa à nouveau dans son jeans.

Elle sortit de la cabine avec dans les mains toute cette merveilleuse lingerie pour laquelle beaucoup de femmes auraient fait des folies. Elle jeta tout sur le comptoir déjà envahi.

– Vous voulez encore essayer quelque chose ?

– Non, merci. Je vais être franche, je déteste les dessous.

Avant que l'homme ne puisse ajouter un mot, elle sortit. Son public lui fit une haie d'honneur.

Dans la soirée, quand elle se déshabilla pour se coucher, elle s'aperçut qu'elle avait gardé une paire de bas sur elle. Un bas blanc pour la jambe droite, un bas résille rouge pour la gauche. Prix : 400 000 lires. Le montant du loyer.

Stadio Olimpico

Fabio avait tenu parole : il s'était occupé de demander les accréditations et, miracle, il les avait obtenues, accompagnées de la bénédiction presque irritante de Castaldi. Andrea l'avait accompagné à la rédaction et avait assisté à la scène :

– Mais bien sûr, il n'y a pas de problème, demande à la secrétaire de s'en occuper.

Andrea regardait Castaldi avec un petit sourire idiot, en pensant à toutes les fois où elle avait quémandé cette accréditation et où on la lui avait refusée, parce que la revue ne pouvait pas en demander, parce qu'ils ne s'occupaient pas de sport, etc. Le comble fut atteint quand Castaldi, l'ignorant complètement, ajouta à l'adresse de Fabio :

– Tu emmènes au stade la petite Andrea, hein ? Ça lui fera plaisir.

– Merci, la petite Andrea est très contente, en effet, répondit-elle les dents serrées.

Fabio salua Castaldi et entraîna Andrea dehors.

– Oui, je sais, il peut être insupportable, mais qu'est-ce que ça peut te faire ?

– Rien. La petite Andrea veut sa bouillie, maintenant.

Fabio rit et lui fit une caresse affectueuse sur la tête.

– Bah, ça ne me déplairait pas de m'occuper d'une petite fille comme toi… Écoute, je t'appelle dès que j'ai les accréditations, OK ?

– OK ! Et… merci. J'attends de tes nouvelles, alors. Bisous.

Elle lui effleura la joue.

– Salut.

– Salut.

En fin de compte, il était sympa ce type. Pas son genre, mais sympa. Son genre, c'était Henrique. Dans le style « bronzé et sourire de vainqueur » où elle avait rangé Fabio, elle préférait ce crétin de vendeur a qui elle avait subtilisé sans le faire exprès une paire de bas au prix exorbitant. Pourquoi pensait-elle à lui ??? Un peu de culpabilité peut-être.

Elle avait rendez-vous à 18 heures devant le siège de *Private Star.* À 17 heures, elle était déjà arrivée dans la rue del Corso. À 18 h 30, quand Andrea commençait à penser que le match allait commencer sans elle, Fabio arriva.

– Finalement ! Je pensais que tu avais changé d'avis ! Je t'ai appelé sur ton téléphone portable, mais tu ne répondais pas…

– J'avais quelques problèmes à la maison. Mais tu plaisantes ? Je n'aurais raté ce match pour rien au monde…

Ça, c'était faux. Fabio avait expliqué bien clairement que le foot ne l'intéressait pas plus que ça : il regardait les matchs les plus importants, mais ce n'était pas un vrai passionné.

– Allez, on y va !

– Attends ! Il reste deux heures, on peut pas prendre un café avant ?

– Mais quel café, Fabio ? Je veux arriver avant, moi.

En scooter, ils arrivèrent en dix minutes. Ils se garèrent et se rendirent dans le secteur des accréditations. La queue pour les retirer était longue, mais Andrea en profita pour regarder autour d'elle : ceux qui étaient dedans étaient forcément des journalistes, des collègues… Hormis deux dames d'un certain âge, elle était la seule femme.

Fabio avait récupéré les accréditations et ils étaient maintenant en train d'entrer dans le stade. Finalement, Andrea était excitée comme une enfant attendant son Panini au pied de l'arbre de Noël. La tribune de presse : l'Olympe des journalistes sportifs. Ça discutait, ça fumait, certains avaient même un verre à la main, beaucoup dévisageaient avec curiosité cette nouvelle et jolie tête, et tout ce qu'il y avait en dessous. Comme à chaque fois, ça embarrassait Andrea, ces regards qui la déshabillaient.

– Andrea !

On l'avait déjà reconnue ? Elle sortit de ses pensées et se retourna. Marco se tenait devant elle.

– Salut, mon petit Marco…

C'est elle qui l'appelait « mon petit » maintenant, mais il ne semblait pas s'en offusquer, bien au contraire. Elle l'embrassa affectueusement. Les yeux de Marco allaient de Fabio à elle.

– Mais qu'est-ce que tu fais là ?

– Une partie de domino. Pourquoi ?

– … je veux dire…

– Je te présente Fabio Valli. C'est grâce à Fabio que je suis en tribune de presse. Marco Ricci, mon plus cher ami.

Les deux jeunes gens se mesurèrent du regard et se serrèrent poliment la main. Puis Marco commença à parler comme si Fabio n'existait pas.

– Mais pourquoi ne me l'as-tu pas dit ?

– Je voulais te faire une surprise. C'est pas merveilleux ? Allez, présente-moi un peu tous ces gens !

– Mais je suis sûr que Fabio connaît beaucoup plus de monde que moi. Pas vrai ?

Fabio avait déjà le dos tourné et en effet, il avait engagé la discussion avec un groupe de journalistes qui semblaient le connaître. N'était-il pas le gendre de… ?

– Mais qu'est-ce que tu as, mon Marco ?

Andrea sentit que Marco était en train de faire une petite poussée de jalousie. Mais pourquoi ne l'avait-il jamais invitée en tribune de presse, aussi ? Il prétextait toujours qu'elle n'avait pas encore sa carte de journaliste. Mais visiblement, la vraie raison de ses réticences à emmener Andrea sur son lieu de travail était à trouver ailleurs. Peut-être craignait-il inconsciemment que sa protégée ne lui fasse de l'ombre. Si elle commençait à travailler dans le milieu du foot, qui allait lui réécrire ses articles à lui ? Mais, au-delà de cela, Marco le débrouillard, Marco la malice, n'était pas arrivé à mettre tous ses talents au service de sa cause. Il en pinçait grave pour la belle brune et il n'avait jamais réussi à le lui montrer. Pire, il était devenu l'ami fidèle, le confident des amours de celle qu'il désirait plus que tout. Rien de plus catastrophique en amour qu'être le meilleur ami. Et Marco avait compris une chose : il n'avait aucune chance auprès d'Andrea. C'est exactement ce qu'il s'apprêtait à lui dire quand les équipes entrèrent sur le terrain sous un tonnerre d'applaudissements.

Marco comprit encore une fois qu'il ne faisait pas le poids face à un tel spectacle.

Andrea était émue aux larmes par l'ambiance qui régnait dans le magnifique stadio Olimpico. La ferveur des *tifosi* s'était propagée dans son corps jusqu'à ses extrémités les plus intimes. La solennité du moment, les couleurs du *tifo* flottant au vent, le *Fratelli d'Italia* entonné par les quarante mille supporters, les joueurs immobiles sous le crépitement de milliers de flashs…

Marco ne pouvait pas lutter. Il avait juste eu le temps de faire une petite prière pour que cette fille aux yeux si gris ne soit pas broyée par sa passion. Il s'agissait d'une rencontre amicale, l'équipe adverse, la Suisse, engagea la partie, et plus rien d'autre n'exista dans l'esprit d'Andrea. Ni dans celui de Marco.

La partie s'était achevée avec une victoire de l'Italie, grâce à un but de Beppe Signori.Andrea était redescendue sur terre. Enfin… pas vraiment sur terre, puisqu'elle se trouvait en tribune de presse du stadio Olimpico, juste à quelques encablures de la résidence des dieux. Chacun y allait de son commentaire sur telle ou telle phase de jeu, tel ou tel joueur.

Andrea remarqua qu'il y avait en fait assez peu de différences entre des professionnels et les *tifosi* des virages de n'importe quel stade du monde. Chacun était un spécialiste et chacun détenait la vérité. Les gens qui étaient autour d'elle se distinguaient des autres parce qu'ils avaient un simple petit bout de papier : la carte de presse.

Beaucoup d'entre eux étaient penchés sur leur ordinateur, mettant une dernière touche à l'article qu'ils allaient faire parvenir à leur journal. Il fallait se dépêcher, car les journaux attendaient le résumé du match pour boucler.

Fabio semblait très à l'aise dans ce milieu, il ne connaissait rien de rien en foot mais ça n'avait pas l'air de le gêner outre mesure. Il avait passé son temps à draguer Andrea, profitant de la moindre occasion de but de l'une ou l'autre des équipes pour passer son bras au-dessus de son épaule… Heureusement, l'Italie avait marqué et gagné et Fabio en avait profité pour embrasser Andrea : il aurait élevé un monument au buteur…

Mais Fabio préférait quand même le hand-ball ou le basket. Les scores bien plus élevés lui laissaient beaucoup plus de possibilités d'arriver à ses fins.

Un homme d'une soixantaine d'années s'approcha d'Andrea, qui observait Fabio.

– Salut.

– Salut.

Il lui avait délicatement serré la main et l'avait gardée dans la sienne.

– Vous êtes une amie du jeune Valli ?

– Oui.

Elle récupéra sa main.

– Il vous a traînée à ce match… Ça ne vous a pas trop ennuyée ?

Belle voix. Une bouche aux lèvres minces parfaitement dessinées, un regard perçant sous des sourcils fournis, une allure distinguée, mince et affûtée, un homme doté d'un charisme certain. Encore un type qui du haut de son expérience lui faisait le coup de « alors mon p'tit, vous voulez que je vous parle de la vie ? ». Elle était venue ici pour se faire un carnet d'adresses, pas pour finir sur le carnet d'adresses d'un don juan sur le retour !

– Je déteste me faire traîner, je suis allergique à la poussière.

– … Ça vous honore… Hum… et ces footballeurs, vous les avez trouvés comment ?

– Par hasard, dans le jardin.

– Amusant. Je veux dire…

– J'ai compris.

Et de se lancer dans une analyse détaillée du match, joueur après joueur, phase de jeu après phase de jeu. Elle ne lui laissa pas en placer une. D'autres journalistes les avaient rejoints, dont Marco et Fabio. Ils étaient tous fascinés par cette jeune femme au jeans moulant qui leur donnait une leçon sur ce qui était censé être leur spécialité. Au début, il y avait bien eu quelques sourires sarcastiques, mais face à la pertinence des arguments de la belle brune, ils s'effacèrent vite.

Une fois qu'elle eut fini, un silence de cathédrale suivit. Le don juan, fair-play, commença à applaudir. Clac, clac, clac. Puis tout le monde commença à parler en même temps. D'un geste de la main sur son épaule, il l'emmena à l'écart.

– Vous avez un nom ?

– Andrea Margheri.

– Andrea, tiens, comme c'est original ; généralement…

– … généralement c'est un nom de garçon… Ça, c'est pas très original !

– J'en conviens… Et vous avez un téléphone ?

– Oui.

Elle le lui montra.

– Je veux dire… un numéro de téléphone.

– J'avais compris, mais je ne donne pas mon numéro de téléphone à des vieux beaux qui viennent au stade pour soigner leur libido.

– Mais… vous savez qui je suis ?

– Oui, je viens de vous le dire. Vous avez des problèmes de mémoire ? C'est l'âge.

Et Andrea de le planter là.

L'affaire Federico Patrignani

Fabio l'avait invitée à manger une pizza après qu'ils furent sortis du stadio Olimpico. Elle avait accepté.

Le serveur, son plateau bien à plat sur la main, était embarrassé. En effet, la jeune cliente était en pleurs. Elle semblait inconsolable et *a fortiori* incapable de commander ce qu'elle voulait manger. Fabio lui fit un clin d'œil lui signifiant qu'il ne fallait pas insister pour le moment. Le serveur s'éloigna, encore bouleversé par cette fille à qui vraisemblablement on avait dû annoncer une terrible nouvelle.

Fabio donnait des serviettes en papier en guise de mouchoirs à Andrea dont la production lacrymale paraissait inépuisable.

– Mais pourquoi tu me l'as pas dit !?

– Mais je croyais que vous vous étiez présentés. C'est un copain de mon beau-père.

– Mais on s'est présentés !!!

Et d'éclater en sanglots une nouvelle fois.

– C'est foutu le foot pour moi. Foutu !!!

– Mais non… Et puis tu sais il y a d'autres choses dans la…

– Nan !!! Tu vas pas faire comme ma mère, hein ?

– Heu… Tu veux pas manger quelque chose ?

– Nan !!! Mais qu'est-ce que j'ai pu être conne !!!

– Arrête…

– Si !!! Plus conne, c'est pas possible !

Et de hoqueter désespérément.

– Je savais pas, moi, que c'était Federico Patrignani, le directeur de *Fischio finale* !

– … vice-directeur.

– Vice ou pas, c'est pareil !

– Si tu le dis…

– Jamais plus j'oserai mettre les pieds dans un stade de foot, plus jamais !

– Faut pas dire ça… Tu lui as dit quoi, déjà ?

– … Que c'était un vieux beau qui avait des problèmes de libido.

– Évidemment, il peut ne pas très bien le prendre !

– C'est fini pour moi, fini !!! Je suis barrée de tous les journaux de foot ! Je vais mourir, tiens.

Son téléphone portable sonna. Elle s'en empara et décrocha sans regarder qui l'appelait.

– Claudia ? Nan… Nan… Et nan !!!

Elle raccrocha et s'adressa à Fabio.

– Une copine. Elle me demandait si tout s'était bien passé, si j'avais fait des « touches » dans le métier… je me suis mis sur la touche, oui !!!

Le téléphone sonna à nouveau. Andrea manqua de le balancer, elle se ravisa en lisant le nom de Marco inscrit sur l'écran.

– Voui ? Voui… Non ? Non ? C'est pas vrai ? redis-le… Oui… Oui… Mais arrête, Marco… Arrête ! qu'est-ce que tu vas chercher ? Mais non, sois pas bête je ne lui ai pas fait du gringue, au contraire !!!… C'est toi le meilleur.

Elle raccrocha et regarda triomphante son vis-à-vis dont le visage s'était chiffonné quand il avait entendu que « c'est toi le meilleur » ne lui était pas adressé.

– C'était Marco. Il bosse à *Fischio finale*. Patrignani lui a demandé mon numéro de téléphone. Vu ce qui s'est passé, Marco a hésité, mais Patrignani lui a dit qu'il avait été très très impressionné par moi. « très… très… », tu te rends compte ?

Fabio opina du chef. Il se rendait compte. Andrea continua sur sa lancée.

– Alors voilà. Il veut me voir, il va me téléphoner, pour me proposer de collaborer à *Fischio finale*. Tu te rends compte !!! Moi à *Fischio finale* !!! Je savais bien, aussi !

Andrea héla le serveur.

– Une pizza olimpica avec plein d'olives et un *zabaione* ! Non ! Deux *zabaioni* !

Elle fixa Fabio qui restait muet devant le virage à 180° opéré par la jeune femme.

– Ben… Pourquoi tu fais cette tête-là ? Il faut lui demander des serviettes, c'est dingue d'oublier les serviettes dans un restaurant, non ?

Après le dîner, ils passèrent un moment dans une boîte de nuit branchée, le *Gilda*, où toute la jeunesse dorée de Rome se retrouvait. Fabio était un ami du patron, c'était un peu « sa cantine » comme il disait avec son arrogance de fils à papa. Andrea avait hésité, elle avait rendez-vous le lendemain avec le directeur, pardon… le vice-directeur, de *Fischio finale* et elle devait être en pleine possession de ses moyens afin de réussir cet entretien. Mais elle devait cette soirée à Fabio, ce rendez-vous, c'était quand même grâce à lui.

En revanche, elle réussit à déjouer toutes les manœuvres d'approche de « sourire Pepsodent » comme elle l'appelait. Le garçon s'était montré très entreprenant, mais la défense de la jeune femme était solide. Elle l'avait calquée sur celle de l'équipe italienne : elle épuisait l'adversaire devant le but. Sa capacité à mener des contre-attaques saignantes n'étant pas inconnue de Fabio, il préféra ne pas trop se découvrir. Andrea avait de la ressource et il fallait la jouer fine.

Pourtant, quand il la raccompagna en scooter à San Giovanni, il ne put s'empêcher de l'enlacer et d'essayer d'atteindre ses lèvres. Elle se dégagea doucement mais fermement.

En montant l'escalier jusqu'à l'appartement de Mme Leonardi, Andrea se demanda si elle avait bien fait. Fabio était plutôt sympa, pas mal de sa personne et il avait usé de patience avec elle. L'idée de traverser le salon d'« Angie » sur la pointe des pieds parce qu'elle avait dérogé à la règle des « 21 heures dernier carat » la faisait revenir trop longtemps en arrière. Elle n'était plus une petite fille. Elle faillit redescendre les marches quatre à quatre pour se précipiter dans les bras de son prétendant et céder à ses avances. Mais le son pétaradant du moteur de sa vespa s'était déjà dissout dans la nuit romaine.

Elle tâta du bout des doigts le bracelet d'Henrique qui ne la quittait pas. H comme homme de sa vie. Ça rimait à quoi, de passer une nuit avec un homme qui ne serait pas l'homme de sa vie ? Peut-être que Fabio se satisfaisait qu'elle soit la femme d'une nuit. Si c'était le cas, et elle en avait l'intuition, il ne serait jamais l'homme de sa vie, pas plus qu'elle ne voulait être la femme d'une nuit.

Quand elle glissa précautionneusement la clé dans la serrure elle se dit que, pour cette nuit, l'homme de sa vie allait lui manquer.

– Qui est-ce ??? C'est toi, mon petit ? Tu as vu l'heure ?!

… Mais elle avait « Angie ».

Le lendemain, Fabio lui envoya un message sur son téléphone portable : « Excuse-moi pour hier. » Elle se sentit rassurée. Heureusement, il n'avait pas l'intention de la tenir à distance ou de tenter vraiment sa chance avec elle : ça avait été juste un moment comme ça, lié à la soirée et au fait d'avoir un peu bu.

Claudia l'appela cinq fois pour lui faire part de ses derniers achats. « Angie » lui demanda dix fois de mettre un silencieux à son téléphone. Rosari lui demanda de passer vingt-quatre coups de fil pour relancer des sponsors locaux pour le Villari. Marco tenta de la joindre à deux reprises, sans laisser de message.

Vers la fin de journée un numéro inconnu s'inscrivit sur son portable.

– Allô ? Bonsoir, c'est le vieux beau qui perd la mémoire.

« *Fischio finale* »

La semaine suivante, à 16 h 15, elle était assise dans le bureau de Federico Patrignani.

Elle avait voulu s'excuser pour son attitude de la veille, mais Patrignani avait balayé tout ça d'un geste. C'est lui qui s'excusait pour l'avoir pris de haut. La classe.

Il était en train de l'écouter avec curiosité, en la regardant dans les yeux, tandis qu'elle lui racontait brièvement sa passion pour le foot, en essayant d'être convaincante.

– Tu es pigiste, Andrea ?

– Oui.

– On va faire comme ça alors. Naturellement je ne peux rien te promettre. On va te faire faire quelques matchs amateurs… Je suis sûr que tu vas faire du bon boulot. De toute façon, on a tous commencé comme ça. C'est le premier pas pour devenir un collaborateur, pardon « une collaboratrice » de ce journal.

– Merci, Monsieur le vice-directeur.

– Non, écoute, entre collègues, on se tutoie. Et puis ça fait trop vieux beau, ce « Monsieur le vice-directeur ». Appelle-moi Federico.

– Oui, Monsieur Federico… enfin, je voulais dire…

Elle se détesta parce qu'elle était devenue toute rouge mais elle était aussi très contente : elle regarda l'homme à la dérobée. Quel âge pouvait-il avoir ? Une cinquantaine d'années, elle décida, au maximum quarante-cinq ans : comment est-ce qu'elle avait pu lui donner soixante ans ? Elle aurait pu l'épouser, à ce moment-là, s'il le lui avait demandé.

– Tu veux voir la rédaction ?

Évidemment ! Elle n'en croyait pas ses yeux, le vice-directeur en personne de *Fischio finale* l'accompagnait visiter ses « nouveaux locaux » de travail. Quel type épatant, et simple avec ça ! Mais bien sûr, il pouvait être aussi un beau salaud, qu'est-ce qu'elle en savait ? Pour l'instant, elle goûtait le moment présent. Ils pénétrèrent dans une salle immense bourdonnante d'activité. Ici, on respirait le foot. Partout sur les murs et sur les vitres de séparation de ces bureaux paysagers étaient collées des photos de joueurs, des titres, des scores, des diagrammes, des classements, et… quelques pin-up. C'est la seule trace de présence féminine qu'Andrea put déceler. Tous les gens qui travaillaient là, il y avait bien une cinquantaine de personnes, étaient des hommes. Tous. Elle fut soulagée d'apercevoir l'épaisse chevelure blonde de la standardiste au fond de la salle, mais quand elle se retourna pour la regarder d'un air étonné, Andrea se rendit compte qu'il s'agissait d'un adolescent boutonneux vraisemblablement amateur d'Heavy Metal.

Elle se sentit comme « épinglée » par une cinquantaine de paires d'yeux. Ce fut bref, il n'y eut pas de geste équivoque ou de propos déplacés, simplement une prise d'information collective. Patrignani introduisait une femme dans le temple sacré. Il devait avoir ses raisons, mais quand même…

– Tu es la première femme. Alors forcément… avait susurré le vice-directeur.

Il continua pour rassurer Andrea :

– Ne t'en fais pas, ils verront rapidement que je t'ai engagée pour de bonnes raisons. Je te fais confiance pour le leur démontrer. Quand on parle du foot comme tu le fais, crois-moi, tu seras respectée. Ce sont des pros.

– Salut !

C'était Marco. Sa présence donna un peu d'air à Andrea.

– Salut, Marco.

Ils s'embrassèrent. Patrignani glissa :

– C'est vrai, vous vous connaissez ! Dis donc, il tient à toi, Marco ! Ça n'a pas été facile de lui soutirer ton téléphone la semaine dernière ! Allez, Marco je te laisse faire les honneurs de la maison à Andrea, j'ai une réunion.

Il s'éloigna après les avoir gratifiés d'un grand sourire. Un seigneur.

– On en est déjà au tu ?

– Ça recommence ? Ce n'est pas toi qui depuis des années me répètes qu'entre collègues, on se tutoie toujours ? Ou je ne suis pas assez collègue pour toi et je dois attendre de devenir professionnelle ? Tôt ou tard, je vais y arriver et toi… tu me vouvoieras.

Andrea rit et Marco la regarda.

– Je t'ai déjà dit que tu avais mauvais caractère ?

– Chaque fois que je ne suis pas d'accord avec toi, c'est-à-dire presque toujours. Alors, tu me sers de guide ou on reste comme ça jusqu'à ce que tout le monde croie que nous sommes en train de nous disputer comme mari et femme ?

En effet, tout le monde était en train de les regarder. Marco l'emmena à son bureau, il lui expliqua le fonctionnement du système informatique du journal et tout ce qui concernait la mise en page. À chaque département, Marco lui présentait ses futurs « collègues ».

– L'imprimerie est de l'autre côté. De l'autre côté de l'étage, il y a la rédaction des autres sports, cette partie est uniquement foot. Connaissant la discrétion qui règne par ici, tu seras à peine partie que tout le monde me demandera « mais qui est-ce ? ». Et ensuite viendront les enquêtes pour comprendre si tu couches avec moi, avec Patrignani ou avec les deux.

– J'essaierai d'y survivre.

– Bien. Tu veux prendre un café ?

– Non, merci. Je dois passer à *Private Star*, j'espère pouvoir coincer le directeur.

– C'est une journée importante aujourd'hui, hein ? C'est bon, on s'appelle. Bonne chance.

Andrea le regarda : il était sincère. Il n'était probablement que jaloux, mais elle savait qu'il l'aimait bien. Et elle aussi.

– Merci. Tu m'accompagnes jusqu'à l'ascenseur ou tu penses que ça fera trop jaser tes collègues ?

– Ils vont te reluquer les fesses.

– Dans ce cas-là aussi, j'essayerai d'y survivre. On y va ?

Le smoking de Mirco

Claudia avait laissé plusieurs messages à Andrea pour la convier à ses fiançailles « officielles » avec Luigi.

Elle lui donna rendez-vous chez *Giolitti* pour lui parler de tout cela. C'est Claudia qui était en charge de l'organisation de la soirée, Luigi lui avait donné carte blanche pour qu'elle se serve à volonté de sa carte bleue. Elle avait donc, en toute simplicité, loué un des endroits les plus branchés de la capitale : le *Gilda*, situé en plein centre de Rome, non loin de la rue du Corso.

Andrea connaissait cet endroit : c'est là que Fabio l'avait invitée après le match Italie-Suisse. Depuis une semaine, il la bombardait de textos dans lesquels il lui déclarait un amour éternel, il était parti « en voyage » à l'étranger et Andrea n'avait qu'un mot à dire pour qu'il quitte sa femme. Les hommes étaient étranges, elle avait été pourtant très claire avec lui :

– Ben, qu'est-ce qui t'arrive, Andrea ? Tu as l'air toute chose, tout à coup. C'est parce qu'on se fiance, Luigi et moi ?

Andrea sortit de ses réflexions. Elle rassura sa copine.

– Hein ? Mais non, c'est super au contraire.

Et elle le pensait sincèrement. Elle ne pouvait pas s'empêcher de penser à sa propre situation affective. C'était tout. Claudia enchaîna :

– Je suis heureuse, tu peux pas savoir ! Ce que je l'aime, mon footballeur !

« Veinarde », se dit Andrea. Elle préféra lui demander :

– Allez, *amica mia*, dis-moi comment vont se passer ces fiançailles ?

Des fiançailles… Elle retrouvait bien là le côté gentiment snob de sa meilleure amie. Claudia ne se fit pas prier, elle lui expliqua tout par le menu, de la marque de champagne à la tenue du personnel. Claudia avait voulu à tout prix (c'était la bonne expression quand il s'agissait de Claudia) faire preuve d'originalité. Originaire de Venise par sa mère, elle avait décidé de renouer avec la grande tradition du carnaval. Les invités étaient donc priés de venir déguisés et masqués si possible. Le fait qu'on était en juin n'était pas important pour Claudia : mieux, cela rendrait la fête plus excitante.

Luigi et elle recevraient à visage découvert.

– C'est génial non ? Il y aura plein de vedettes ! Plein d'acteurs ! Quelques actrices… bien obligée… !

– Pas grave, elles seront masquées, plaisanta Andrea.

– Tu as tout pigé. Je suis heureuse, tu peux pas t'imaginer !

– Mais si, je peux, *sorellina*.

– Mais t'inquiète j'ai pensé à toi, tu auras les plus beaux footeux d'Italie. Tous les coéquipiers de Luigi viennent.

– En quoi tu vas te déguiser ?

– Heu… je sais pas.

– Pas en footballeuse, hein ! Bon alors, en quoi tu vas te déguiser ?

Andrea avait immédiatement pensé aux superbes robes chamarrées portées pendant le carnaval de Venise. Elle s'imaginait en marquise du XVIIIe siècle jouant de son éventail devant un parterre de jeunes éphèbes en short de foot et ça la faisait sourire. Ce qui la fit moins rire était le prix de location de ces robes. « Angie » n'aurait pas apprécié de voir son loyer disparaître dans des volants de soie. Il allait falloir se débrouiller avec sa garde-robe… L'inventaire fut rapide : que des jeans… Des jeans, des T-shirts, trois chemisiers, un blouson en cuir, deux boléros, des sandales, des Converse, deux paires d'escarpins à talons courts, ah oui… deux petites robes qu'elle ne portait jamais. Pour une fille, c'était peu… Elle avait aussi la paire dépareillée de bas qu'elle avait « subtilisée » dans cette boutique de luxe du quartier de l'Eur. Elle les fit glisser sur le dos de sa main. Ils étaient magnifiques, au contact de la soie, elle regretta ce moment magique où elle s'était sentie plus femme qu'à n'importe quel moment de sa vie. Elle avait passé des nuits blanches à se demander s'il fallait les rendre, retourner à cette boutique et dire au surfeur : « Bonjour Monsieur, excusez-moi j'ai oublié ça sur moi. » Non, elle avait trop honte.

À bien réfléchir, ces bas étaient les seuls vêtements de valeur qu'elle possédait et elle ne pouvait même pas les porter parce qu'ils ne faisaient pas la paire, un blanc et un rouge !

Elle en était là de ses réflexions quand son portable sonna. C'était sa mère qui lui demanda comme à son habitude :

– Allô, c'est ta mère, tu peux me rappeler, s'il te plaît ?

Clic.

Le prix de la communication sur un téléphone mobile étant trop élevé, elle demandait à sa fille de la rappeler à la maison. C'était pratique ! Comme Andrea n'avait pas l'autorisation de se servir du combiné en Bakélite noire qui trônait sur le napperon du guéridon, dans le salon de Miss « Angie », elle était obligée de foncer deux étages plus bas pour appeler sa mère de la cabine téléphonique. Ce qu'elle fit.

– *Pronto. Andrea cara ?*

Elle avait quelque chose à lui demander.

– Oui maman. Ça va ?

– Mais non mon trésor, ça va pas.

– …

– Je ne bosse pas, ma fille ne vient jamais me voir, les cigarettes coûtent de plus en plus cher, mon association périclite faute de subventions et comme je vais me débarrasser de pleins de choses qui m'encombrent, je voulais savoir si tu pouvais m'aider à les sélectionner et si tu veux en prendre, tu te sers évidemment…

– Mais de quoi s'agit-il ?

– Des vieilleries, des fringues, des objets… mais comme il paraît que ça revient à la mode…

– Tu veux les vendre, c'est ça ?

– Ben oui, à Porta Portese. On y va avec des copines…

– Tu veux que je vienne quand ?

– Maintenant. C'est possible ?

Une heure plus tard, elle farfouillait dans un monceau de vêtements et pas moins de quarante-huit paires de chaussures.

Il y avait même quelques reliques des années soixante-dix. Roberta y allait de sa petite anecdote, se remémorant l'époque où elle les avait portées. Il y avait beaucoup de nostalgie dans sa voix et son regard. Elle lui demanda de se choisir quelques paires de chaussures dans les quarante-huit qu'elle avait décidé de mettre en vente. Andrea avait l'embarras du choix, mais aucune ne lui plaisait vraiment. D'ailleurs, rien de tout cela ne lui plaisait. Sa mère fut très déçue, presque vexée.

Le regard d'Andrea fut attiré par la seule touche noire surnageant dans cet océan de couleurs et de motifs imprimés. Il s'agissait d'un pantalon de smoking. Elle trouva le veston un peu plus loin.

– C'est le smoking de ton père.

– Comment ???

– Oui. C'est la seule chose qu'il ait laissée… Au cas où je décide d'aller au casino, peut-être…

– Et… tu l'as gardé depuis ce temps ?

– Oui… Je sais pas pourquoi. Au cas où je déciderais d'aller au casino.

Roberta sourit.

– Tu le veux ?

– Je ne vais pas au casino, moi.

– Tu vas bien au stade. Ça peut être sympa d'y aller en smoking, non ? De toute façon, si tu le veux, tu le prends, mais moi j'en veux plus.

– Qu'est-ce que j'en ferais ?

Après réflexion, elle sut quoi en faire.

Ce soir du 25 juin faillit être le dernier soir d'Angélina Leonardi. Tout avait bien commencé, pourtant. L'acariâtre logeuse s'était confortablement installée devant son cher téléviseur. Et voilà que la petite Margheri lui avait fait la peur de sa vie. « Angie » l'avait entendue sortir de sa chambre vers les 21 h 30. Tard en quelque sorte.

Elle sortait ! Encore ! Mme Leonardi s'était fait violence pour détourner la tête de son feuilleton et lui dire sa façon de penser.

Elle frisa la crise cardiaque : la petite Margheri s'était transformée en homme ! Elle portait un smoking Deauville avec un haut-de-forme. Elle s'était peint une fine moustache en guidon de vélo.

– À l'assassin !

– Du calme, Madame Leonardi. C'est moi, Andrea Margheri.

– Mais qu'est-ce qui vous est arrivé, mon p'tit ??? Vous avez…

– J'ai quoi ?

– Mais vous êtes un homme !

– Personne n'est parfait !

– Pas de ça chez moi, hein !

– Ça tombe bien, je sors.

– À cette heure et dans cette tenue ?!

– Votre règlement stipule qu'il faut rentrer avant 21 heures pas qu'on ne doit pas sortir après. Bonne soirée, Madame Leonardi !

Imparable. Et Andrea sortit sans claquer la porte. « Angie », encore sous le choc parvint quand même à atteindre la commode où elle cachait une flasque de cognac, pour les grandes occasions.

Andrea fut prise d'un énorme fou rire en pensant à la tête d'« Angie » quand elle avait fait son apparition dans le salon. Mais elle était surtout ravie par son déguisement, qui semblait réussi. Danilo lui avait dégoté le haut-de-forme, tante Clara lui avait retouché le pantalon et le veston pour qu'ils soient à sa taille, elle lui avait offert une splendide écharpe blanche et Andrea avait ajouté la touche finale en transformant le bas de soie blanche en une pochette tout à fait crédible. Elle se sentait très Kim Basinger dans *9 semaines et demie*.

Daniele

Elle arriva au *Gilda* vers 22 heures. Il y avait vraiment beaucoup de monde, d'après elle au moins deux cents invités. Tous étaient déguisés et la plupart étaient masqués. Elle compta six Berlusconi, quatre Madonna, un Celentano, une Laura Pausini et trois Dennis Roberti, c'est-à-dire deux de plus que prévu… Il y avait aussi des gens qui ne portaient pas de masque : Andrea reconnut Valeria Bilancioni, directrice d'une de plus importantes boîtes de communication, Clara Autorino, l'avocate des comédiens, Fiorenzo Filippini, écrivain et poète et autres VIP : il y avait la griffe Claudia partout.

Claudia et Luigi, à visages découverts, passaient parmi leurs invités pour les accueillir. Arrivée devant Andrea, Claudia mit quelques secondes à reconnaître son amie. Elle lui glissa en la serrant dans ses bras :

– Andrea !!! La classe !!!

– Tu es vraiment un beau p'tit gars, ne put s'empêcher de lui dire Luigi. Elle rougit sous le compliment. Ils s'embrassèrent amicalement. À chaque fois qu'elle le rencontrait elle ne pouvait s'empêcher de le trouver attirant. Sa carrière semblait avoir bien démarré. On commençait à parler de lui dans la presse spécialisée.

La musique remplissait l'espace sur un rythme effréné et Andrea se retrouva sur la piste avec un colosse barbu déguisé en Billy Gibbon[8] qui voulait à tout prix lui faire danser un slow sur un rock. Andrea eut envie de rire et elle essaya de s'en libérer discrètement. À l'évidence, il était soûl et à sa troisième tentative pour l'enlacer, Andrea se demanda si elle n'allait pas passer à la méthode douche froide. Par chance pour le barbu, Claudia arriva à temps.

– Andrea, tu viens. J'étais en train de te chercher. Je veux te présenter quelqu'un.

– J'arrive. Merci, tu m'as sauvée…

– Vraiment ? C'est pour lui que j'ai eu peur !

Les deux amies se regardèrent et éclatèrent de rire.

– Viens, viens. Celui que je veux te présenter est beaucoup mieux…

Et Andrea se retrouva entraînée par Claudia qui essayait de se frayer un passage dans la foule costumée des fêtards.

– C'est un joueur de foot ?

– Ah, çà ! ma vieille, tu te débrouilles, je ne te dis rien.

8. Le guitariste du groupe ZZ Top, célèbre pour son talent et son incroyable barbe.

Soudain elle croisa Fabio qui n'était pas déguisé et pérorait, son verre à la main, devant une assistance qui lui semblait tout acquise. Elle faillit le héler, mais Claudia la tenait solidement par la main et arrêta son geste.

– Tu le connais ?

– Oui. C'est un collègue.

– C'est un ami du patron de la boîte. Il s'est invité. Très sympa mais gonflé, il m'a draguée d'entrée.

– Non ?!

– Si, je t'assure. Luigi lui a gentiment tapé sur l'épaule. Il s'est tout de suite excusé. Beau garçon, hein ! Allez, suis-moi ! Moi je vais te présenter le top du top !

Connaissant son amie, Andrea réprima une petite pointe de scepticisme. Avant qu'elle ne puisse ajouter quelque chose, Claudia s'arrêta près du top en question qui était en train de parler avec quelqu'un leur tournant le dos. Il était habillé d'un splendide costume d'époque en soie bleu nuit dans la grande tradition des bals vénitiens. Le top du top avait du goût.

– Daniele, je te présente Andrea.

L'homme se retourna, Andrea fut éblouie par le bleu éclatant de ses yeux qui la fixaient par les fentes d'un masque blanc. Le mystérieux personnage resta un moment silencieux, comme s'il avait été pris de court par l'apparition de la jeune femme. Il lui fit le baisemain. C'était la première fois… Andrea se sentit soudain godiche à s'enterrer cinq pieds sous terre !

– Andrea… je n'espérais pas vous revoir…

– Pardon ?

– Mais vous vous connaissez ?

– Disons que nous nous sommes vus mais dans d'autres conditions…

Elle connaissait cette voix.

– Andrea… Tu n'as rien, mais vraiment rien de masculin à part le smoking et le prénom… Je peux l'affirmer avec une certaine richesse de détails…

– Ah… oui ?

Andrea était très intriguée. La musique avait baissé de volume, et elle pouvait mieux entendre la voix de l'inconnu. Effectivement ça lui disait quelque chose, mais quoi ? Il baissa son masque. Andrea se sentit soudain les jambes lourdes. Elle aurait voulu s'enfuir. Devant elle se trouvait le type de la boutique de lingerie. Le surfer ! Toujours aussi bronzé, pensa-t-elle stupidement.

– Tiens… salut ! murmura-t-elle, et ce fut l'une des rares fois de sa vie où elle se sentit rougir. Claudia, remarquant l'embarras soudain de son amie, enchaîna :

– Formidable ! Ne me dis pas que tu fréquentes sa boutique aux trésors !

– Heu, c'est-à-dire… En fait, oui…

– … À ses moments perdus, ajouta Daniele tout sourire.

– Super !!! C'est drôle, je ne savais pas que tu étais comme moi, Andrea, dingue de lingerie ! Bon, je vous laisse, vous semblez avoir des choses à vous dire…

Ils restèrent l'un en face de l'autre, interdits. Daniele décoinça la situation.

– Tu veux danser ?

Il la prit par la main et l'emmena jusqu'à la piste de danse. C'était un slow, une magnifique chanson de Fiorella Mannoia, *Quello che le donne non dicono.* Il s'était débarrassé de son masque, il tenait Andrea par la taille sans la presser exagérément, il la conduisait, elle se laissait faire, elle était bien dans ses bras. Il lui parlait à voix basse, contre l'oreille.

– Tu préfères qu'on aille chercher une télévision ? Peut-être qu'il y a quelque chose qui t'intéresse…

Il était en train de se moquer d'elle. Elle esquissa une espèce de sourire pour faire la bonne joueuse.

– Elle était pourrie, ta télévision…

Il se mit à rire de bon cœur.

– Heureusement que de ton côté, le spectacle était de première qualité…

Malgré tout, Andrea commençait à s'amuser : Daniele était sympa, ses yeux étaient trop bleus et sa voix trop chaude pour qu'il n'en soit pas ainsi.

Elle le regarda mieux et elle s'aperçut qu'en effet c'était comme si elle le voyait pour la première fois. En plus, physiquement, il n'était pas mal du tout. Il lui rendit son coup d'œil inquisiteur et lui dit :

– Tu veux que je fasse moi aussi mon défilé ?

– On peut éviter d'en parler ? Ce n'est pas quelque chose dont je sois particulièrement fière.

– Tu devrais, pourtant. Ça a été l'un des spectacles les plus agréables qu'il m'ait été donné de voir dans ma boutique. Même le public à l'extérieur a apprécié…

Tu sais combien d'hommes sont venus acheter un petit ensemble pour leur fiancée après ton show ?

Andrea se remémora les applaudissements qui l'avaient saluée à la sortie du magasin. C'est étrange comme des détails qui ne l'avaient pas vraiment frappée lui revenaient maintenant de façon différente.

– Alors, je devrais avoir un pourcentage... essaya-t-elle de plaisanter, mais ses compliments lui avaient fait plaisir.

– Il faut que tu reviennes, tu as oublié quelque chose.

– Ah bon ?

Il se saisit délicatement du bas qui faisait office de pochette sur le veston de smoking d'Andrea et commença à le tirer.

– Évidemment, une jambe rouge et l'autre blanche, c'est pas terrible. Mais bravo, je n'avais pas pensé à l'utilisation du bas pour le haut.

Andrea rosit.

– C'est vraiment ta boutique ?

– Bien sûr. Et heureusement... si j'avais été vendeur, le patron n'aurait pas été content de trouver un magasin sens dessus dessous et deux paires de bas dépareillés.

– ... Je vais t'expliquer, je voulais te les rendre, mais...

– Mais enfin Andrea tu veux rire, c'était à moi de te les offrir, mais pas dépareillés...

Le slow fut remplacé par de la House. Ils s'éloignèrent de la piste et réussirent à trouver une place sur des tabourets près du bar. Là, l'ambiance était beaucoup plus soft.

– C'est rare qu'un homme s'occupe de lingerie, non ?

Elle s'aperçut que c'était exactement le même genre de choses dont on s'étonnait quand elle affirmait qu'elle aimait le football. Elle regretta immédiatement sa question mais en même temps il fallait qu'elle s'avoue que tôt ou tard, elle l'aurait posée.

– C'est rare, mais ça me plaît. J'essaie d'apporter mon humble contribution à la beauté des femmes. Je dessine moi-même certains modèles. Je suis en train de créer ma propre ligne.

Andrea était épatée, c'était ce surfer aux yeux bleus qui créait ces chefs-d'œuvre de dentelles et de soie !

– Enfin, tu es un artiste…

– Venant d'une aussi jolie femme, j'accepte le compliment.

– C'est une tradition de famille ?

– Je ne dirais pas vraiment ça…

Andrea eut l'impression que Daniele n'avait pas envie d'approfondir la question et elle décida de ne pas insister.

Il lui mit entre les mains une autre coupe de champagne. Elle accepta et se prépara à l'inévitable question qu'il allait lui poser.

– Bien, maintenant on fait le même jeu mais dans l'autre sens. Quel métier fais-tu, jolie moustachue ? Mannequin ?

– Froid.

– Avec ce physique, il y a quelque chose qui cloche si tu ne fais pas un travail dans ce genre-là… Comédienne ?

– Tu gèles.

– Mais donne-moi un petit indice…

La sonnerie du portable d'Andrea l'empêcha de répondre.

– Excuse-moi…

Il s'agissait d'un texto. Un texto de Fabio, pour changer : « Tu me manques, je n'arrive pas à penser à autre chose qu'à toi. Le pauvre Fabio qui t'aime. »

Elle venait de l'apercevoir une demi-heure auparavant. Claudia avait raison : il était vraiment gonflé.

– Un problème ? s'enquit Daniele qui venait d'enlever sa splendide veste bleue à jabot.

Andrea admira les muscles saillants sous sa chemise de soie. Elle en frémit.

– Non, non, un… collègue qui a une urgence.

– Grave ?

– Petit problème de cœur.

– Tu es toubib !!!

– Non, non.

– C'est compliqué, ton boulot…

Tout en parlant avec le beau Daniele, Andrea vit Fabio arriver au bras de deux ravissantes jeunes femmes. Il semblait éméché et les filles sous son charme. Le trio passa à côté d'eux et s'installa juste à côté. Il ne l'avait pas vue. Normal : il ne s'intéressait pas à qui portait des moustaches.

Elle n'eut pas besoin de tendre l'oreille pour entendre ce qu'il leur disait.

–Vous aimez les courses hippiques ? J'ai trois invitations pour aller à Tor di Valle.

Andrea ne put s'empêcher de sourire, en fait ça la soulageait d'être débarrassée de cette affaire sentimentale qui n'en n'était plus une. Andrea n'aimait pas rendre les gens malheureux, en revanche elle n'aimait pas trop être prise pour une idiote. Daniele poursuivait son investigation.

– J'ai trouvé : tu es une espionne envoyée par une puissance étrangère pour rendre fous les garçons que tu rencontres !!!

– Pas mal… Excuse-moi deux secondes, après, promis, je suis à toi.

– Attention ! Pas de promesse que tu ne pourrais pas tenir…

Ce qui fit rire Andrea. Elle envoya un texto très court à Fabio : « Tu es où ? »

Le portable de l'intéressé sonna juste dans le dos de Daniele. Fabio lut le message. La réponse ne tarda pas à venir : « Dans une grande solitude. Et toi ? »

Andrea répondit aussitôt à haute voix :

– Ici ! Salut Fabio !

Fabio manqua avaler sa caipirinha d'un coup. Il en renversa partout.

Andrea entraîna Daniele vers la piste de danse avec un regard appuyé sur les deux « copines » de Fabio.

– Mignonne, ta grande solitude ! Salut à ta femme !

Elle se sentit soulagée. Elle s'était lancée dans une bossa-nova avec le type le plus sexy de la terre, qu'elle eut une énorme envie d'étreindre. Mais elle se méfiait, à quel homme pouvait-on faire vraiment confiance ?

Une heure de danse intensive plus tard, Andrea posa la question à Claudia qui lui répondit :

– C'est un très bon parti, mais fais attention. Mais jette-toi à l'eau.

– J'ai pas bien compris. Je dois faire attention ou me jeter à l'eau ?

– Les deux.

– Ça sera fait, chef.

La première précaution qu'Andrea décida de prendre fut de cacher son véritable métier, ou plutôt sa véritable passion. C'était clair comme de l'eau de roche, Daniele lui plaisait furieusement et elle ne voulait pas le faire fuir en lui parlant de sa passion pour le football. C'était trop risqué, elle ne voulait pas voir ses magnifiques yeux bleus s'assombrir ou se détourner. Elle ne voulait pas non plus débattre avec lui Juventus de Turin, Giovanni Trapattoni ou 4-4-2. Elle se voyait bien en revanche parler satin, coloris, dentelles, guêpières, jusqu'à très, très tard. Houps. Elle avait bu plus de trois verres de champagne, pas encore trop pour se rappeler le conseil de Claudia : jette-toi à l'eau mais attention. On n'abordait pas un match si on n'était pas à 120 % de sa forme, et le champagne c'était pas terrible pour la défense. Elle opéra donc une retraite qui lui parut ménager l'avenir. Vers 5 heures du matin, il la raccompagna à pied, ils traversèrent Rome alors que la ville se réveillait. Cela fut un moment merveilleux, fait de complicité naturelle et de respect. Il ne tenta pas de l'embrasser comme tous les autres, il se contenta de l'embrasser du regard. *« Mamma mia, che sguardo*[9] ! » Ils parlèrent de tout sauf de football. Elle lui avait dit qu'elle était journaliste. Mais pourquoi donc avait-elle eu la brillante idée de préciser qu'elle était journaliste économique ? Le champagne, sans doute.

---

9. Quel regard !

Dans le bain jusqu'au cou

Ce dimanche-là, « Angie » était sortie, un dimanche sur quatre elle allait rendre visite à sa sœur. Cela offrait à Andrea l'extraordinaire luxe d'avoir la maison pour elle toute seule.

Depuis les fiançailles de Claudia, Daniele ne s'était pas encore manifesté, il l'avait prévenue qu'il devait s'absenter de Rome une semaine pour son travail. Elle se disait qu'il aurait quand même pu lui envoyer un message. Et s'il ne donnait pas de ses nouvelles… tant pis. Elle n'en pleurerait pas. Ça ne l'empêchait pas de loucher régulièrement sur son portable au cas où… Elle regarda encore le téléphone. Peut-être qu'en le regardant intensément, elle arriverait à le faire sonner. Rien, ça ne fonctionnait pas.

– Bon, d'accord…

Elle noya sa peine dans un pot de Nutella qu'elle gardait pour les grandes occasions. Andrea regarda dehors par la fenêtre : il pleuvait sans répit et elle n'avait pas vraiment envie de sortir pour aller au kiosque, mais un dimanche sans journaux, c'était un peu comme un match sans buts. En outre, c'était le jour de parution de *Private Star*. Elle s'habilla rapidement. Elle se dépêcha d'acheter les journaux et cinq minutes plus tard, profitant de l'absence de Leonardi, elle décidait de se faire couler un bain.

– Et maintenant... à nous.

Andrea pénétra prudemment dans l'eau. Pour la dixième fois en une minute, elle jeta un coup d'œil sur son portable qu'elle avait posé sur le lavabo : rien. Elle décida de ne plus le regarder : c'était une façon de donner de l'importance à Daniele qui se gardait bien de l'appeler, lui ! Elle prit *Private Star* : il valait mieux se tenir au courant des derniers potins diffusés par le journal qui l'employait. Dans ce numéro, on décrivait la chambre à coucher de Melissa Rosi, une des stars montantes du rock italien, racontée par celle qui avait été sa baby-sitter pendant dix ans. Bizarre, la même idée qu'elle avait eue il y avait quelques semaines...

D'un coup, Andrea feuilleta le magazine comme une furie, se contrefichant du fait qu'elle était en train de le mouiller. Page 32, page 32... Où était la page 32 ? La voilà, non, c'était la 42... Elle retourna en arrière et le vit. Ou plutôt, elle vit rouge, avant même de lire l'article.

Il y avait une photo en gros plan de Melissa souriante, le titre disant « Je vous parle de la Melissa secrète » avec une quantité de photos de la baby-sitter. Et, surtout, trônait le nom de la rubrique : « Moi je la connais bien » : signé Fabio Valli.

– Ahhhhhhhhhhhhhhh ! hurla Andrea s'écroulant d'un coup dans la baignoire.

Ce salopard… cet odieux joli cœur au faux sourire et au physique parfait, ce maudit hypocrite qui voulait coucher avec elle et qui lui avait piqué son idée. Ce n'était pas possible : SON idée, une chose qui avait pris forme ces derniers jours… et elle, comme une idiote, elle lui avait tout raconté ! C'était sa vengeance, elle en était sûre, parce qu'elle lui avait dit non ou plus simplement il avait profité de son idée pour se faire bien voir par Castaldi et Maurizi.

À ce moment le portable d'Andrea sonna. Elle répondit sans même regarder et sur un ton qui n'incitait pas vraiment à une conversation sympa et détendue.

– Qui c'est ? résonna comme une déclaration de guerre.

– Andrea ?

– Eh ?

– C'est Daniele, tu te souviens ? À la fête…

Daniele ! Daniele au téléphone ! Elle essaya de se reprendre et de répondre sur un ton plus avenant.

– La fête ?!… Ah ça oui, je m'en souviens !!!

– Bien, bien… mais peut-être que je te dérange ?

Il fallait qu'elle mette un instant de côté cette tanche de Fabio Valli et son maudit article. Elle fit quelques exercices respiratoires pour faire redescendre la rage qui crispait le moindre de ses muscles.

– Andrea ??? Qu'est-ce qui t'arrive ? Tu as l'air exténuée…

– Moi ? Pas du tout ! Que vas-tu imaginer ? Tout va bien. Je… je faisais mon jogging.

– J'entends de l'eau.

– Ben oui, c'est mon bain.

– Tu fais ton jogging dans ta baignoire ???

– Et alors ? Il pleut dehors, alors… Bon hem… Et toi ça va ? Tu es rentré ?

– Oui. Oui. Tu veux pas que je te rappelle plus tard ?

– NON !!! Je t'ai, tu m'as, on s'est… Tout ça. Alors stop ! On raccroche pas. Pourquoi tu m'as pas appelée pendant tout ce temps ???

– Cinq jours. Je suis désolé, j'avais laissé ton numéro de téléphone à la maison, je ne l'avais pas sur moi. Je suis rentré cette nuit d'Helsinki.

– Ah !

Andrea ne savait pas si l'histoire du numéro de téléphone était vraie ou si c'était une excuse, mais elle était quand même contente.

– Écoute, Andrea… Ça me ferait vraiment plaisir de te revoir. Ça te dirait de sortir malgré la pluie ?

Elle devait résister un peu et lui montrer qu'elle n'était pas à sa disposition, qu'elle avait mille autres choses à faire, qu'il pouvait très bien attendre. « Sympa mais distante. » C'est pour ça, évidemment, qu'elle lui répondit :

– Pas du tout, j'adore la pluie l'été !

– C'est parfait, alors. Je passe te prendre à 17 heures ?

Elle eut six bonnes heures pour remettre de l'ordre dans son esprit.

1. – Elle était super heureuse de revoir Daniele.

2. – Elle allait régler son compte à Fabio.

3. – Elle était super heureuse de revoir Daniele.

4. – Où était Helsinki ?

5. – La petite robe ou le jeans ?

6. – Pourquoi il avait « oublié » son numéro de téléphone chez lui ?

7. – Je suis journaliste économique.

8. – Le football ? Ça se joue avec les pieds ?

9. – Elle allait crever les pneus du scooter de Fabio.

10. – Pourquoi journaliste « économique » ??? Elle aurait pu choisir quelque chose de plus simple : journaliste culinaire par exemple. Au moins elle savait distinguer un artichaut d'une carotte.

11. – Ou lui verser un répulsif dans sa caipirinha.

12. – Elle se faisait beaucoup d'idées pour rien. Peut-être qu'il aimait le football, Daniele.

13. — Elle était super heureuse de le revoir.

14. – Daniele.

15. – Sympa mais distante.

16. – Elle verrait bien comment ça se passe. Une petite prière à la Madone.

17. – Sa voiture : Maserati, Alfa ou Ferrari ?

Glace au Mibtel

À 17 heures précises il vint la prendre en bas de chez elle avec une petite Fiat.

– Mais… c'est ta voiture ? lui demanda-t-elle, en se rendant immédiatement compte que ce n'était vraisemblablement pas la question la plus intelligente à poser au premier rendez-vous avec l'homme qui lui plaisait.

– Oui, c'est plus pratique, mais si tu veux je peux aller chercher la Ferrari, lui sourit-il et Andrea ne réussit pas à comprendre s'il avait vraiment une Ferrari ou si c'était une façon de se moquer gentiment d'elle. En regardant ses yeux bleus, elle se dit qu'il pouvait bien se moquer un peu d'elle.

– Où va-t-on ? Tu as une préférence ?

– Non, c'est toi qui décides.

Ils avaient pris le Lungotevere. Rome était si belle. Ils avaient dépassé le Ghetto. Plus loin, sur la gauche, se découpait le menaçant palais de justice que les Romains appelaient « Palazzaccio ». La justice… Andrea pensa tout de suite à Fabio.

– Andrea ?

– Hum ?

– Tu n'es pas fâchée, par hasard ? Tu fais une tête… comme si tu voulais tuer quelqu'un…

– Qui ça, moi ? Non, non…

– Un problème de boulot ? Ça a quelque chose à voir avec le Mibtel ?

Daniele haussa un sourcil. Andrea avait remarqué que quand il ironisait, il haussait le sourcil. Et elle trouvait ça délicieux. Elle ne pouvait en dire autant du Mibtel. Elle aurait vraiment beaucoup voulu savoir ce que c'était, mais elle s'efforça de cacher son ignorance.

– Mmm. Je préfère ne pas en parler, c'est confidentiel.

– Ah. Si c'est « confidentiel », alors…

– J'espère que tu aimes cet endroit. Ce n'est pas original mais c'est tellement beau.

Ils étaient arrivés au *Zodiaco*, un bar situé sur la colline du Monte Mario, d'où on profitait peut-être de la meilleure vue sur Rome. Un panorama à couper le souffle. Le *Zodiaco* est aussi le lieu de rendez-vous des amoureux. Et ça, ça n'avait pas échappé à Andrea.

Ils s'assirent à une table et elle put l'observer encore mieux.

Daniele était habillé sobrement d'un jeans de marque et d'un cachemire bleu électrique qui mettait en valeur ses yeux. Son parfum était subtil mais pénétrant, Andrea crut reconnaître Hugo Boss. Ils commandèrent deux cafés et deux glaces. Andrea trouvait ça agréable. Elle essaya de se relaxer.

– Pourquoi tu souris ?

– Parce que la pluie d'été… est rare à Rome.

Mon Dieu ! Décidément, elle n'arrivait pas à donner des réponses intelligentes à cet homme. Mais lui, il ne parassait pas le remarquer. Heureusement.

– C'est pour ça que tu as choisi d'être journaliste économique ? Parce que c'est rare ?

Andrea avala presque de travers le café qu'elle était en train de boire.

– Mmm… oui. Et toi, c'est pour ça que tu vends de la lingerie ?

Elle lui avait déjà posé la même question au *Gilda*, elle le savait, mais il lui sembla que c'était une manière élégante de détourner la conversation de tout sujet « économique ».

Toujours avec ce sourire énigmatique qui faisait craquer Andrea, il lui répondit :

– Touché. Ma famille a eu une attaque, mais j'ai persisté dans cette voie. À vingt-cinq ans, je ne suis plus un petit garçon.

– Tu as raison, quand on croit en quelque chose, on ne doit pas baisser les bras.

Andrea attaqua sa glace au chocolat et à la *stracciatella*.

– Sérieusement, Andrea. Mais qu'est-ce que tu penses du Mibtel ?

Seigneur, mais il jouait à quel poste ce Mibtel ? C'était un attaquant ou un milieu de terrain ? Pourquoi tout n'était pas aussi simple qu'un match de football ? Andrea essaya de jouer en défense.

– Je pense que ça peut être une bonne chose.

– Eh oui, il fallait l'introduction du circuit télématique des négociations, tu ne trouves pas ?

– Je… ben oui. Naturellement.

Maintenant, elle devait le lui dire, elle devait le lui dire, dis-le-lui, se répéta-t-elle pendant qu'elle tâchait de trouver dans la *stracciatella* le courage de raconter la vérité à Daniele.

Enfin, il vendait bien de la lingerie, non ? Quel mal y avait-il à être une folle furieuse de football qui voyait le monde à travers le foot et tout en fonction de cela depuis l'âge de six ans ? Ça arrivait à tout le monde, non ? Ce n'était pas la seule fille, non ? Bien qu'elle connût les réponses, elle tentait d'y croire.

– Quel dommage d'avoir perdu contre le Brésil !

Deux serveurs étaient en train de discuter juste derrière eux.

– Aux penalties ! Incroyable !

Andrea, malgré elle, s'était mise à écouter : elle comprit qu'ils étaient supporters de la squadra Azzurra, déçus par la défaite de l'Italie en finale de la Coupe du monde il y a une semaine. Non, elle ne pouvait pas continuer à faire semblant, décida-t-elle, et juste quand elle était sur le point d'avouer la vérité à Daniele, il la regarda sérieusement et lui dit avec dégoût.

– Mais tu les as entendus ? Ils parlent d'un match perdu comme si c'était une question de vie ou de mort. Je me demande comment on peut suivre un sport aussi stupide que le football !

Andrea resta la bouche ouverte, la petite cuillère pleine de chocolat à moitié en l'air. Décidément, ce n'était pas sa meilleure journée, c'était un dimanche à jeter.

– Franchement, Andrea, tu ne t'es jamais demandé ce qu'il y avait de si passionnant à regarder tous ces hommes en culotte qui courent derrière un ballon ? Non seulement je ne les comprends pas, mais ils me donnent envie de dormir. Moi, les stades, je les fermerais. Mais qu'est-ce qu'il y a ? La glace ne te plaît pas ?

Dans la bouche d'Andrea, le chocolat n'avait plus aucun goût. Peut-être que la dernière chose qui lui restait à faire était d'entrer au couvent. Voilà, oui, oui, elle se ferait bonne sœur et à l'inverse de sœur Giuseppa, elle permettrait à ses élèves de faire la collection des albums Panini. Mieux, elle introduirait au programme scolaire la matière « albums Panini », voilà. Oui, c'était ça la seule possibilité de sa vie, enfermée dans un couvent à écouter match sur match, à faire des orgies de buts à la télé, dans un couvent où les hommes aux yeux bleus n'avaient pas le droit d'entrer. Le monde l'aurait oubliée et elle aurait oublié le monde qui paraissait vraiment ne pas la comprendre.

– Andrea ?

– Oui ?

– Tu penses à quoi ?

– À rien. Je réfléchissais.

– Encore au Mibtel ?! Ah, les pros ! Tu pourrais me donner quelques conseils pour investir ?

Mon Dieu, elle n'en pouvait plus de cet odieux Mibtel. Elle devait s'en aller.

– Non ? Mais tu n'as vraiment pas envie de me parler ? À part le football, j'aime parler de tout. C'est que je n'aime vraiment pas le football et les femmes journalistes, je les trouve vraiment insupportables…

Andrea osa lever les yeux, prête à répondre, et elle vit une chose extraordinaire. Daniele riait, il riait à n'en plus pouvoir. Soudain Andrea comprit qu'il savait la vérité, il savait tout depuis le début. Et elle commença à se sentir mieux et à rire elle aussi.

– Tu le savais ? Sale menteur… Toi et le Mibtel…

– Mais bien sûr que je savais. J'ai parlé avec Luigi il y a quelques jours. Et il n'a pas arrêté de faire des éloges de sa meilleure amie qui connaît le foot mieux qu'un homme…

Alors que sur Rome la pluie s'apprêtait à tomber, dans le cœur d'Andrea éclata un torride été.

Cette nuit-là Andrea rêva qu'elle était habillée en amazone avec un chapeau haut de forme. Une lance à la main, elle dansait autour d'un arbre sur lequel était attaché Fabio Valli en smoking. Mais elle rêva aussi de deux yeux bleus qui la transportaient dans un monde où elle avait tout à découvrir.

Le voleur d'idées

Andrea devait parler avec Fabio et l'affronter. Mais comment ? Elle ne voulait pas le faire au téléphone, elle voulait le voir et lui parler en personne.

Il habitait dans un immeuble de luxe de quatre étages, entouré de verdure : le quartier des Parioli était depuis toujours le symbole de la Rome aisée. Andrea se plaça en face de l'entrée. Il n'y avait pas de portier et ça, c'était déjà bien : il devait certainement y avoir un système d'interphone vidéo pour entrer, les riches ne lésinaient jamais sur rien.

Andrea se prépara à une longue attente, mais la colère était tellement violente que ça lui donnait suffisamment de force pour résister et la motiver. Sale type… qu'est-ce qu'elle allait lui dire ? elle ne le savait vraiment pas. 16 heures, 17 heures, 18 heures… rien… Tôt ou tard, il devrait sortir ou rentrer chez lui.

19 heures… jusqu'à maintenant, elle avait vu rentrer un homme âgé avec un petit chien, une jeune fille très jolie qui ressemblait à la baby-sitter de Melissa Rosi et cela fit à nouveau monter la rage dévastatrice avec laquelle

elle aurait voulu mettre en pièces le sourire fourbe de Fabio Valli… qui était justement en train passer devant elle sans sourire, d'un pas rapide, tandis qu'il cherchait quelque chose dans les poches de son blouson.

– Salut, dit Andrea, en surgissant devant lui et en résistant à l'envie de lui donner un coup de pied où ça lui aurait fait bien mal.

Il sursauta, comme s'il avait vu un fantôme, mais le sourire aux mille dents s'ébaucha à nouveau sur son visage.

– Andrea, mais quelle surprise ! Qu'est-ce que tu fais là ?

– Je t'attendais, sale con.

Il fut séché sur place.

– Andrea ! Mais qu'est-ce qui se passe ?

– Tu le sais très bien, ce qu'il se passe ! Tu m'as volé mon idée et tu t'es fait mousser en la vendant à *Private Star*. Tu es tellement limité que tu as besoin de piquer les idées des autres, au lieu de proposer les tiennes, hein ?

– Mais qu'est-ce que tu racontes, j'ai seulement puisé des trucs dans ce que tu m'as dit…

– Tu as seulement puisé, hein ? Voyez-vous ça et c'est par hasard que la rubrique porte aussi MON titre ?

Andrea était devenue toute rouge.

- Mais calme-toi ! Qu'est-ce que tu veux que je fasse, ma chère, jouer les débutants comme toi ? J'ai été meilleur et plus rapide, voilà tout. C'est moi qui ai proposé l'idée et moi qui l'ai écrite. Voilà tout. D'ailleurs, on aurait pu travailler ensemble d'une façon différente, mais tu n'as pas voulu... toujours à parler de cet insupportable ballon rond... Mais pour qui te prends-tu, hein ?

Le regard qu'il lui lança était plus qu'éloquent. Donc il s'était vengé de son refus et il avait simultanément profité de son idée pour gagner l'estime et des points aux yeux de Castaldi et de Maurizi.

– Fais-toi une raison... Je te salue. Et que je ne te retrouve plus en bas de chez moi, sinon j'appelle la police.

Il ouvrit le portail et le lui ferma au nez. Fin de la scène.

« Insupportable ballon », hein ? Ce débile mental ne distinguait même pas un hors-jeu actif d'un hors-jeu passif ! Mais il avait raison sur une chose : c'était une débutante et une ingénue et maintenant elle devait absolument et rapidement trouver une solution pour récupérer son idée. Mais comment faire ? Même si ça lui répugnait, la situation lui commandait d'employer les grands moyens.

Le lendemain, à 15 heures, Andrea était à nouveau en bas de chez les Valli. Cette fois-ci, Fabio arriva en scooter : il était 18 h 30 et tandis qu'il se garait, elle fonça sur lui.

– Encore toi ? Je t'avais dit...

– Oui, oui, bien sûr que tu appelles la police. Eh bien, appelle-la... Agressé par une méchante femme – mon pauvre petit. Comme ça, en attendant, moi j'appelle ta femme pour me plaindre du harcèlement que me fait subir son mari.

Ce fut extraordinaire de voir de quelle façon l'expression de Fabio changea :

– Ma femme ? Quel rapport avec Michela ?

– Aucun, pour le moment. Mais ça serait amusant de la faire entrer dans cette émouvante petite histoire : lui, elle et l'autre. Faisons un film avec pour titre *Le Voleur d'idées*, qu'en penses-tu ? Voyons… Exemple de dialogues, voilà ce que le protagoniste masculin pourrait dire à l'autre : « Je voudrais t'embrasser tout entière » ou bien « je ne sais pas comment j'ai fait pour résister jusqu'à maintenant ». J'imagine que les filles avec lesquelles je t'ai vu en boîte doivent avoir reçu des textos elles aussi, non ?

Andrea commençait vraiment à s'amuser : tandis qu'elle débitait quelques-uns des messages que Fabio lui avait envoyés sur son portable, lui devenait de plus en plus pâle. Il demeurait immobile, avec son casque à la main, et il avait perdu son faux sourire.

– Qu'est-ce que tu veux ?

– Baisse la voix. Imagine que Madame se mette à la fenêtre…

Elle lui fit face, en posant sur lui des yeux pleins de colère froide mais en continuant à lui sourire et à lui parler comme s'il eût été un enfant qui n'avait pas bien compris.

– Je veux que tu viennes avec moi chez Maurizi et que tu lui dises la vérité. La vérité, tu sais ce que ça veut dire ?

Fabio regardait Andrea, impressionné par sa détermination.

– Non, tu ne sais pas. On aurait dû commencer par là, avec toi. Leçon 1 : la vérité est la seule règle à respecter quand on veut être journaliste. Leçon 2 : on ne vole pas l'idée d'une autre pour se faire mousser. Leçon 3 : on ne sous-estime pas la faculté de riposte d'une collègue. Leçon 4 : on ne laisse pas des textos compromettants sur le téléphone de celle-ci. Leçon 5 : on se dépêche de rendre à Andrea ce qui appartient à Andrea.

Il écumait de rage et son casque tomba par terre.

– Oublie ça.

Elle lui adressa un sourire radieux :

– Mauvais élève, hein… Bien. Alors, tu me vois contrainte de montrer à Madame quelques-uns des textos passionnés que son mari envoie aux autres femmes. Qu'en penses-tu, ça fera plaisir à l'héritière De Mitri, non ?

– Tu ne parles pas sérieusement ?

– Tu veux me mettre à l'épreuve ?

Il était devenu muet et regardait par terre. Elle le regarda avec mépris et lui suggéra :

– On se voit demain à 16 heures, à l'entrée de *Private Star*. Tu sais, comme quand on se rencontrait pour le chocolat…

Silence.

– À 16 heures. Sinon…

Andrea décida qu'elle avait dit tout ce qu'elle avait à dire. Et elle s'en alla, sans rien ajouter d'autre, laissant Fabio ramasser son casque.

Le jour suivant, à 16 heures précises, Fabio Valli se trouvait à l'entrée de *Private Star* avec Andrea et il alla parler au directeur, en admettant ses torts. Il ne savait pas qu'Andrea n'avait archivé aucun des messages qu'il lui avait envoyés. Elle les avait effacés le jour même de leur réception. Leçon 6 : on vérifie toujours ses sources.

Andrea et Daniele

– Ttttt… Déplace un peu cette guêpière… tu devrais mettre plus en évidence le rouge.

Andrea essayait d'apporter son aide à Daniele. C'était la période des soldes d'été. Elle le regarda malicieusement.

– Tu te rappelles la première fois que je suis entrée ici ?

– Pas du tout. J'étais absorbé par un truc à la télé…

Andrea rit ; elle tenait un string avec des plumes d'autruche derrière.

– Je peux toujours refaire le défilé…

Jusqu'ici entre eux il y avait eu des moments de grande passion, oui, mais ils n'avaient encore jamais franchi la ligne qui séparait l'amitié de l'amour. Andrea, malgré son inexpérience, commençait à désirer quelque chose de plus : personne ne lui avait jamais autant plu que Daniele et elle pensait qu'il était temps qu'elle comprenne ce qu'elle « avait perdu jusqu'à maintenant », comme le répétait toujours Claudia. Mais elle était timide et trop orgueilleuse pour en parler avec Daniele et elle pensait que tôt ou tard il lui ferait signe. Dans cette attente, elle aimait le titiller.

À 20 heures ils fermèrent le magasin. Andrea n'avait aucune envie de rentrer chez « Angie » et laisser Daniele.

– On y va ? Je t'accompagne. Tu dois être fatiguée. Tu as été vraiment adorable de me donner un coup de main ces jours-ci.

– Je ne suis pas du tout fatiguée.

– Si tu veux, demain, on va dîner dehors.

Elle ne lui répondait pas. Mais à quel jeu jouait-il, à la fin ?

Andrea se sentait prisonnière : que devait-elle faire pour lui faire comprendre qu'elle voulait rester avec lui ? Bon, d'accord, elle s'y prenait peut-être mal pour le séduire, mais quand même, il exagérait. Et si elle ne lui plaisait pas assez ? Quel désastre.

Ils étaient arrivés en bas de chez elle et elle ne voulait pas descendre de voiture.

« Je t'en prie mon Dieu, pensa-t-elle, fais qu'il me dise de rester avec lui. » Mais Daniele la regarda et l'embrassa rapidement sur la bouche.

– ... je t'appelle demain.

Andrea joua sa dernière carte. Elle l'enlaça très fort, espérant lui communiquer le désir qu'elle ne savait pas exprimer avec des mots.

– Ne t'en va pas.

Il sembla confus.

– Mais tu as le couvre-feu… tu ne peux pas rentrer plus tard que 21 heures et on est tout juste dans les temps…

Andrea ne savait pas si elle devait rire ou pleurer. Ça marchait comment dans les films où l'héroïne d'un seul coup d'œil réussissait à tout faire comprendre à l'homme qu'elle aimait ? Elle se résigna à descendre.

– Bon… alors, salut.

– Salut, petite.

Petite ! Il pensait peut-être qu'elle était une petite fille et qu'elle était trop jeune pour lui. Elle ferma la portière avec un peu trop de véhémence et elle se prépara à affronter un samedi soir qui n'allait être que larmes.

Dix minutes après que j'étais rentrée chez « Angie », mon portable a sonné. C'était Daniele. Il m'a seulement dit : « Je t'en prie, descends. » Moi j'ai seulement réussi à murmurer « oui », j'étais trop heureuse. Je suis descendue en courant à 21 h 15, poursuivie par les cris de Leonardi.

Daniele était encore dans la voiture. Je suis montée et il m'a embrassée fort, en m'appelant « mon amour ». Ce sont les seuls mots qu'il m'a dits. Il a conduit en silence jusqu'à Trastevere, tandis qu'on se tenait par la main.

C'était la première fois que j'entrais chez lui : il a une très belle mansarde, pleine de couleurs, d'où on voit les toits de Trastevere, les vieux toits de Rome.

Dans son lit, je suis finalement devenue femme. Je ne pensais pas que l'on puisse éprouver des émotions aussi fortes. C'est ça la passion, c'est ça l'amour. Ne plus penser à rien, se sentir aimée, protégée et en sécurité. Je n'oublierai jamais le moment où je l'ai regardé dans les yeux et où j'ai fait l'amour avec lui.

Dehors, il y avait un chat qui miaulait fort : Daniele m'a expliqué que c'est le chat du copropriétaire, qui vit sur les toits et qui s'appelle Philippe, comme Philippe Noiret l'acteur français qui joue dans Cinéma Paradiso. *Tout le monde l'aime et ils font tous la course pour lui donner à manger, c'est pour ça qu'il est si gros et joufflu.*

Même Philippe fera partie pour toujours du merveilleux souvenir de cette nuit inoubliable.

22 novembre 1994

Ça fait quatre mois que Daniele et moi est ensemble ! Pour célébrer ça, nous sommes allés dîner chez Perilli, *à Testaccio et on a mangé une excellente carbonara. Je lui ai même raconté que* Fischio finale *pour la première fois m'avait chargée de suivre un match de Eccellenza*[10]. *Puis on a pris un gâteau maison à deux : Daniele m'a nourrie comme une petite fille et moi j'ai trouvé ce geste absolument romantique. Mais ce que j'ai trouvé le plus romantique et génial c'est quand il m'a dit :*

– Écoute, Andrea… tu ne penses pas qu'il est temps de lâcher « Angie » et ses horaires antédiluviens ? en haussant le sourcil d'une façon si sexy.

À ce point-là je n'ai pas très bien compris ce qu'il voulait dire et je l'ai regardé sans lui répondre. Alors lui :

10. Division d'honneur..

– Mon amour, la plupart du temps tu dors chez moi, sinon tu es obligée à faire des sauts mortels pour rentrer dans les temps. Ce n'est pas mieux si tu déménages directement chez moi ? Aussi parce que comme ça, je peux te demander de me faire un défilé de lingerie par jour…

Arrivée à ce point j'ai hurlé de joie, au point que tous les clients se sont retournés et le serveur a couru pour me demander si j'avais trouvé quelque chose qui n'allait pas dans le gâteau maison. J'ai embrassé Daniele. Je l'aime, je l'aime, je l'aime.

Quand je suis rentrée, le jour suivant, j'ai dit à la Leonardi ce que je rêvais de lui dire depuis longtemps : que je m'en allais.

Une finale pour commencer

« Le match se joue à guichets fermés au stade Prater de Vienne. Il y a une grande attente pour cette grande finale de champions entre le Milan di Capello et l'Ajax di Van Gaal… »

Andrea avait miraculeusement réussi à arriver à 19 h 30 à la maison. Elle ne voulait pas rater une minute de la grande finale de la Coupe des clubs champions… ou plutôt de la Ligue des champions, comme elle s'appelait depuis la saison 1992-1993. De toute façon, c'était un rendez-vous à ne pas manquer pour les amateurs de football, c'était peut-être le match le plus attendu de l'année, qui devait consacrer le meilleur club européen.

Elle essayait de préparer une omelette avec un succès tout relatif. Elle paraissait un peu liquide, peut-être qu'elle avait raté quelque chose.

Daniele entra au moment où le commentateur était en train d'annoncer la formation des deux équipes.

« Ajax : Van der Sar, Reiziger, Blind… »

– Salut, mon amour !

Andrea l'embrassa. Il la serra fort et lui offrit un sourire un peu forcé.

– Salut trésor.

Andrea le regarda inquiète.

– Il y a quelque chose qui ne va pas ?

– Non, non sois tranquille.

« Milan : Rossi, Panucci, Maldini, Albertini… » Daniele jeta un regard distrait à la télé.

– Il y a un match ce soir ?

– Mais mon amour, ce n'est pas un match, c'est *le* match ! C'est la finale de la Ligue des champions !

– Ah.

Et il s'assit sur le canapé. Craciunescu, l'arbitre roumain, avait sifflé le début et bien qu'Andrea eût voulu profiter pleinement de cette rencontre, elle était perturbée par l'air fatigué de Daniele et elle s'assit à ses côtés.

– Daniele, il s'est passé quelque chose ?

« Le Milan, après trois championnats gagnés successivement, est à la recherche de la victoire en Ligue des champions pour sauver une saison qui n'a évidemment pas été à la hauteur des précédentes… »

Il l'embrassa, en regardant dans le vide.

– Je me suis disputé avec mon père, Andrea. Mais ça n'est pas nouveau.

L'un des sujets tabous était la famille Poli Aliberti : Andrea savait seulement que Glauco, le père de Daniele, était amiral, maintenant à la retraite. Sa mère, Rachele, descendait de la grande noblesse romaine et aucun des deux n'avait apprécié le fait que leur aîné ait choisi d'ouvrir une boutique de lingerie plutôt que de se lancer dans une carrière plus en adéquation avec sa position sociale. Le frère de Daniele avait, quant à lui, choisi la prêtrise, ce qui le rendait beaucoup plus présentable.

Andrea n'avait pas fait connaissance avec cette famille et elle n'y tenait pas vraiment.

– J'ai déjeuné avec eux aujourd'hui. J'étais passé à la maison parce que je voulais parler de ma nouvelle collection, tu sais, celle que je suis en train de préparer. Chaque fois que je dessine quelque chose, j'essaye de les y intéresser. Mais c'est peine perdue, ça finit toujours par une dispute.

– Et toi, à chaque fois tu es mal, mon pauvre amour.

Andrea se rapprocha de lui tandis qu'elle louchait sur la télé. Bien que la souffrance de Daniele lui semblât beaucoup plus importante…

– Non, ce n'est pas ça. C'est que… j'aimerais qu'ils essayent de comprendre, au lieu de toujours cracher leurs sentences, voilà.

Il cacha son visage dans ses cheveux. Il l'embrassa. Il l'enlaça encore plus. Elle comprit qu'il avait besoin d'elle. Aucune femme amoureuse ne peut résister quand l'homme qu'elle aime est en difficulté. On se sent investie d'une responsabilité faite de tendresse, on se sent au centre du monde. Andrea se sentait au centre du monde de Daniele.

Il commença à l'embrasser dans le cou.

« *La première mi-temps s'achève sur un décevant* 0-0… »

L'étreinte se fit plus chaude. Ils finirent enlacés par terre. Comme dans un rêve, Andrea entendit beaucoup plus tard la voix du commentateur « *Goal ! Kluivert à cinq minutes de la fin sur une passe de Rijkard. Quelle revanche pour l'ex-Milanais !* »

Mais tout ça faisait partie d'une autre réalité, d'une dimension lointaine : la seule chose qui comptait était Daniele qui lui faisait l'amour.

« *L'Ajax gagne sa quatrième Ligue des champions…* »

Andrea et les kangourous

Le rendez-vous avec Patrignani était à 16 heures, Andrea était arrivée quelques minutes avant parce qu'elle espérait qu'il y aurait Marco. Elle voulait lui faire une surprise, c'était une période où à chaque fois qu'elle lui proposait de le voir pour un café, il paraissait avoir mille excuses. Tandis que, ce jour-là, il était là.

Elle lui arriva par-derrière.

– Devine qui c'est ? lui dit-elle en lui couvrant les yeux avec les mains.

– Quelqu'un qui a du temps à perdre, répondit-il, en lui enlevant les mains mais en les gardant une seconde de plus que nécessaire entre les siennes.

– Toujours sympa, hein ?

Elle lui déposa un bisou sur la joue. Andrea regarda mieux autour d'elle : il y avait un homme très maigre qui était en train de les observer avec un regard malveillant. Andrea savait qui c'était, Marco lui avait fait un portrait de tous ses collègues. Elle avait déjà fait la connaissance de quelques-uns d'entre eux. Le grand maigre en question s'appelait Ludovico, c'était l'un des plus pédants de *Fischio finale*. Il savait tout sur tout, et avait toujours raison sans discussion possible. C'était un personnage solitaire, complètement recroquevillé sur son travail. Pour la majorité des membres de *Fischio finale* Ludovico était insupportable.

À côté de lui se tenait Alvaro, petit et mince, le graphiste du mensuel, aux yeux vifs et au sourire polisson : un grand professionnel dans son domaine, un à qui il ne fallait pas répéter deux fois ce qu'il y avait à faire. De l'autre côté de la pièce, il y avait l'envoyé spécial du journal : c'était Franco Tassi, une personne à qui aucun joueur ne refusait jamais une interview. Être interviewé par lui signifiait compter dans le monde footballistique, ses jugements étaient redoutés et souvent très critiques.

Aucune femme ne travaillait à la rédaction, à part les filles qui s'occupaient du secrétariat.

Tandis qu'Andrea était littéralement disséquée sur place, Marco se leva de sa chaise. Andrea en profita pour le suivre dans le couloir. Ils allèrent à la machine à café à quelques mètres. Elle choisit un Coca-Cola.

– Comment ça se fait que tu es ici ?

– Patrignani m'a appelée.

– Ah. Le motif ?

– Je ne sais pas. J'espérais que tu le savais. Mais c'est carrément devenu difficile de te parler au téléphone.

– Les chefs ne me tiennent pas au courant de leurs idées. Moi je fais mon travail et c'est tout. Maintenant, je m'occupe d'une rubrique sur les arbitres. Et puis maintenant toi tu vas de l'avant toute seule, tu n'as plus besoin de moi.

Andrea le regarda.

– Tu m'en veux, Marco ?

Il la regarda mélancolique.

– Et pourquoi donc ? Non, s'il te donne une opportunité, tu la mérites. Depuis que je te connais, tu as toujours été comme ça. Une fille qui croit en ce qu'elle fait. Passionnée et battante. Comme quand je t'ai rencontrée à Florence. Tu te souviens… Henrique, tout ça…

Malgré elle, Andrea revit la scène et se mit à rire.

– C'est marrant, hein ?

– Non, tu es seulement toi-même. Atypique, oui, mais c'est ça ta force. Et tu as un pur talent, que moi je n'ai pas.

Andrea fut choquée par cette phrase. Elle n'avait jamais entendu Marco aussi sincère et aussi proche.

– Mais…

– Tu crois que je ne le sais pas ? Je suis un bon chroniqueur, mais ce n'est pas ce qu'on appelle un écrivain. Je n'ai pas la richesse de vocabulaire, je ne sais pas faire rêver avec un stylo comme toi tu sais le faire. Tu es compétente aussi, hein, c'est clair. Je le suis moi aussi, mais je ne suis bon qu'à rapporter des infos, ça oui. Ça aussi c'est important, hein ? Ne pense pas que je veuille me diminuer. Dans le journalisme, tous les talents sont utiles mais on n'est pas toujours écrivain.

Renato Gozzi passa dans le couloir, tout le monde l'appelait « Renatino », c'était le rédacteur en chef et c'était aussi le beau charmant du journal. Des yeux gris, un physique de play-boy. Il jaugea Andrea en connaisseur et salua Marco d'un signe de tête.

– Attention à lui, tôt ou tard il tentera sa chance.

– Ne t'inquiète pas, je n'ai pas peur. Et puis, je peux toujours appeler Daniele à la rescousse.

Marco se rembrunit. Il la regarda par en dessous et commença à lui dire :

– À propos, je voulais te dire…

– Te voilà, Andrea ! Bonjour !

C'était Federico Patrignani.

– Bonjour.

– On va dans mon bureau ?

– Bien sûr, répondit-elle tandis qu'il la précédait.

Elle regarda Marco pour s'excuser. Il lui chuchota :

– Ne t'inquiète pas. Je voulais juste te dire que je me marie.

Andrea eut juste le temps de lui murmurer.

– Mais c'est magnifique ! Je suis ravie pour toi, Marco ! avant de suivre Patrignani dans son bureau.

– Assieds-toi, Andrea.

– Merci.

Elle essaya de se montrer désinvolte et, surtout, pas trop curieuse.

– Je ne te ferai pas perdre de temps, j'en ai très peu moi-même. J'ai lu tes chroniques. J'ai lu aussi l'interview de ce joueur de Eccellenza qui a été expulsé…

Andrea se demanda si elle avait commis une quelconque erreur.

– Ah !

– Bien, bien. Très bien.

Andrea n'osait pas respirer. Bien, quoi ?

– Je trouve que tu as la qualité rare de savoir écrire en sachant doser pertinence, compétence, et ironie si nécessaire mais toujours avec une certaine élégance. Je pense que tu peux t'améliorer, bien sûr, mais qu'à la base il y a de la qualité.

Andrea ne respirait vraiment plus.

– Ça fait presque dix mois que tu collabores avec nous. Le directeur voulait te connaître. C'est pour ça que je t'ai fait venir.

Bingo ! Et à ce moment-là, avant qu'elle ne puisse répliquer, la porte s'ouvrit et Simone Sassi, le directeur de *Fischio finale,* entra. C'était un homme avec une barbe rousse épaisse, de taille moyenne, avec deux yeux pénétrants qui inspiraient la crainte. Andrea en avait beaucoup entendu parler, il était le dirigeant historique du mensuel depuis quinze ans, un record du monde dans la presse.

– Alors, te voici, dit Sassi, simplement, scrutant Andrea qui sentait trembler sur ses jambes. « Parle, réagis », se commanda-t-elle.

– Bonjour.

– Andrea…

Le directeur prit un siège face à elle et commença à parler avec Patrignani. Soudain, elle se sentit exclue de la conversation et elle en profita pour retrouver son calme et pour recommencer à respirer !

– Et toi qu'est-ce que tu en penses ?

Elle les regarda, ils attendaient sa réponse.

– Eh ?

– Dommage pour le Milan, non ?

Ils étaient en train de parler du match d'hier soir. Aïe… Elle se lança…

– Mmm, oui, dommage… Savicevic n'était pas en forme.

Le silence s'abattit d'un coup dans la pièce. Sassi la regarda et sans changer d'expression, il dit :

– Savicevic n'a pas joué. Il a eu des problèmes musculaires.

Et il sortit, tandis qu'Andrea aurait voulu disparaître. Pourquoi ? Pourquoi avait-on parlé du seul match qu'elle n'avait pas vu dans sa vie ? Le seul ! Mais comment avait-elle pu faire une erreur aussi grave ?

Bien sûr, Savicevic, le génie du Milan, ne jouait pas, elle l'avait lu. Mais quand on est professionnelle, un match de cette importance ça ne se lit pas, ça se regarde !!! Et surtout on se souvient de l'absence d'un joueur comme Savicevic !

Elle repensa à Daniele et à quel point il était désespéré. Elle repensa à elle qui avait essayé de le réconforter avec son corps, et à ce match qu'elle n'avait pas vu. Elle s'était sacrifiée. Voilà ! Mais il n'avait pas de cœur ou quoi, ce directeur ? Andrea pensa qu'elle n'avait jamais autant détesté quelqu'un de sa vie.

Naissance et mort d'une carrière en dix minutes. Elle seule était capable de faire une chose dans le genre. Elle allait partir vivre loin, vivre au milieu d'une réserve indienne et là, elle noierait sa douleur.

Ou alors au Mexique, voilà. Non, en Australie et elle raconterait son histoire aux kangourous qui, plus compréhensifs que cet arrogant directeur, l'écouteraient, l'encourageraient et la réconforteraient.

Ça suffit, voilà, elle en avait fini avec le journalisme.

Patrignani la regarda.

– Maintenant je dois te quitter, Andrea. J'ai un rendez-vous. Ben t'en fais, une tête ??? C'est parce que ta langue a fourché ? Que tu ne voulais pas parler de Savicevic ? T'inquiète, il en a vu d'autres, Sassi. Bravo en tout cas, je crois que tu lui as fait très forte impression.

Dans la rue, en revenant chez Daniele, pardon… chez elle, elle se dit qu'elle détestait les kangourous.

Une « belle » famille

La maison des Poli Aliberti se trouvait en bordure de la via Appia (la voie Appienne) la plus vieille voie pavée d'Italie dont la construction débuta 300 ans avant Jésus-Christ. Parmi les tombes et les sépultures qui la jalonnent, se détache le célèbre mausolée de forme cylindrique de Cecilia Metella.

– Cecilia Metella était la femme de Crassus.

– Je sais, Daniele, je suis romaine !

– Le père de ce bon vieux Crassus fit crucifier pas moins de six mille esclaves le long de la Appia… Ici, où nous nous trouvons.

– Charmant.

– Nous voilà arrivés.

Cachée dans les arbres séculaires de la campagne verdoyante, on pouvait distinguer l'humble demeure de Glauco et Rachele Poli Aliberti. On était dimanche et ils avaient convié à un petit déjeuner leur fils et sa nouvelle compagne. Ils étaient vraisemblablement curieux de connaître celle qui avait pris le cœur de Daniele. Andrea avait accepté cette invitation pour faire plaisir à son

Daniele chéri, mais elle s'y rendait sans enthousiasme, ayant très peur de louper un match dont elle devait écrire le résumé.

– Une petite chose… murmura Andrea tandis qu'elle observait le parc très soigné, où s'étalaient dans un véritable concours de couleurs des parterres de fleurs de toutes variétés. L'imposant portail électrique s'était lentement ouvert et un gardien était venu à leur rencontre, saluant Daniele d'un grand sourire.

– Lucio, il travaille pour mes parents depuis trente ans.

Andrea ressentait déjà une très forte envie de s'en aller. La villa avait dû être construite vers 700, elle avait été évidemment restaurée et rendue plus moderne. Tout respirait l'élégance et la richesse. Devant la porte de la villa les attendait un employé. Soudain, Andrea se sentit inadaptée dans le tailleur qu'elle s'était fait prêter par Claudia. Il était trop tard maintenant pour les regrets, il valait mieux se concentrer sur ce déjeuner et sur les présentations officielles qui l'attendaient. Elle entra dans la luxueuse villa comme un joueur de série A entre dans un stade, avec la ferme volonté de vaincre.

La première pensée qu'elle eut quand elle pénétra dans ce qui devait être la salle à manger fut qu'on aurait pu y mettre trois appartements comme celui de la Garbatella plus trois autres au-dessus vu l'hallucinante hauteur des plafonds. Le reste était une question de goût et de moyens. L'ameublement était certainement d'époque et Andrea était bien incapable de reconnaître laquelle, mais en tout cas ce n'était pas la sienne. Elle avait l'impression d'être dans un musée et pas dans un espace de vie. Le miroir bleu glacé de la piscine en contrebas, aperçu par les immenses fenêtres, semblait donner le même caractère figé et immuable à la campagne extérieure. On était en juillet, il faisait chaud et beau et pourtant Andrea ne put réprimer un frisson.

Elle se rendit compte tout à coup qu'elle était le sujet d'un examen attentif de la part d'un groupe de personnages qui se tenaient debout immobiles de l'autre côté de la pièce, c'est-à-dire à un bon kilomètre. La famille de Daniele.

Il n'était pas difficile d'imaginer Glauco Poli Aliberti en uniforme : lui, qui avait été amiral avait gardé le maintien haut et fier de celui qui est habitué à donner des ordres et s'attend à ce qu'ils soient exécutés sans discussion. Ses yeux noirs comme le charbon mettaient immédiatement mal à l'aise. D'instinct, Andrea se tint sur ses gardes.

En regardant Rachele Poli Aliberti, on comprenait que Daniele était le portrait de sa mère, très blonde avec les yeux bleus, mais il manquait à celle-ci le sourire qui remplissait le regard ouvert et franc du fils.

Sa mère portait une robe Gucci qui aurait rendu folle Claudia et une bague en diamant à la main droite.

– Bien, mon chéri, entrez. Qu'est-ce que vous faites plantés là ? Présente-nous ton… Andrea, c'est ça ?

C'est Rachele qui avait rompu le silence ; Andrea était habituée aux plaisanteries sur son prénom d'homme mais personne ne l'avait encore apostrophée comme si elle était une chose.

– Oui, c'est Andrea. Maman, papa et Nino.

Andrea n'avait pas fait attention à la troisième personne du trio de comiques troupiers : il avait le visage mangé par une paire de lunettes à l'épaisse monture, mais derrière lesquelles on entrevoyait des yeux noirs et pénétrants comme ceux du père. Il était vêtu de noir, avec le col blanc de prêtre. C'était le frère de Daniele. Il rappela immédiatement quelqu'un à Andrea, mais elle ne réussit pas à se souvenir qui.

– Bonjour à tous !

Elle offrit à tous son plus beau faux sourire et elle attendit qu'on lui dise que faire.

– On vous attendait. Je vous en prie, je vous en prie, mettez-vous à l'aise.

Ce qui signifiait s'asseoir, vu que le message était « vous êtes en retard ». Andrea se retrouva à la gauche du père de Daniele qui était au bout de table et en face de Rachele. Daniele lui sourit tandis qu'il embrassait sa mère et qu'il s'asseyait à côté d'Andrea. Rachele fit un signe imperceptible de la tête et un domestique disparut dans une autre pièce : deux minutes plus tard il revint avec un collègue, poussant un chariot où trônaient des plateaux d'argent.

À table furent servis une quantité de *cornetti* chauds au parfum délicieux et tout ce qui pouvait satisfaire la personne la plus exigeante en matière de petit déjeuner. Andrea observait, les yeux écarquillés, toute cette profusion de nourriture tandis que le serveur zélé lui demandait ce qu'elle voulait boire. Elle opta pour un cappuccino. En silence, Andrea se hasarda à prendre un croissant, en pensant que, tant qu'elle y était, autant en profiter.

– Bien. Alors, Andrea, je crois avoir compris que tu t'entends bien avec mon fils.

– Maman…

Que de circonlocutions pour dire : « Alors, comme ça, tu vis avec Daniele ! »

Daniele l'avait préparée : ils étaient un peu snobs, mais il suffisait de savoir les prendre. La question que se posait Andrea était : mais comment les prendre ? Elle pensa à Roberta qui se levait à 15 heures avec une cigarette à la main et les miettes du petit déjeuner dans le lit et elle eut envie de rire.

– En effet, oui, Madame, on s'entend bien. Avec Philippe aussi, c'est tout feu tout flamme.

Nino sembla sortir de sa torpeur.

– Philippe ? Mais… vous vivez à trois ?

Daniele éclata de rire tandis qu'Andrea, très sérieuse, expliquait :

– Eh bien, pratiquement oui. Philippe est le chat qui vit sur les toits mais il s'est installé chez nous.

Le sourcil de Mme Poli Aliberti se haussa au niveau maximum : évidemment la plaisanterie ne lui avait pas plu mais, Andrea décida de rester elle-même. Pour se donner du courage, elle se servit un morceau de gâteau.

–Vous êtes prêtre depuis longtemps ? demanda Andrea toujours avec ce sourire qu'elle qualifiait d'idiot. Elle l'utilisait quand elle ne savait pas bien à qui elle avait affaire et le frère de Daniele lui semblait le plus sympathique de la délicieuse petite famille pleine de chaleur qu'elle avait devant elle. À bien y penser, c'était un miracle que Daniele ait ce caractère solaire qu'elle aimait tant. Donc, question miracle, le frère devait avoir son mot à dire.

– Depuis un an à peine. Je suis jésuite.

– Il sera missionnaire très bientôt, ajouta Rachele et Andrea ne réussit pas à savoir si elle en était très fière ou s'il y avait une légère note de désapprobation dans la voix.

– Et toi, Andrea, tu t'occupes de… ballon, non ?

Cette fois-ci, c'était Glauco qui posait une question. Évidemment, s'occuper de ballon face à quelqu'un qui était missionnaire semblait vraiment peu de chose. À nouveau, Andrea eut envie de répondre à sa manière, mais à nouveau elle fit appel à ce sourire qui lui faisait venir une espèce de crampe sur le visage.

– Moi oui… je suis journaliste.

– Professionnelle ?

– Pas encore. Pour l'instant je suis pigiste.

– Ah.

– Elle est très douée, elle connaît les noms des joueurs de n'importe quelle équipe, ajouta Daniele avec l'envie évidente de mettre Andrea en valeur mais dit comme cela, c'était cantonner le métier d'Andrea à peu de chose.

Le domestique lui servit un café et Andrea regarda avec concupiscence les croissants. Elle en aurait volontiers pris un autre, mais elle ne voulait pas donner l'image d'une pauvre malheureuse qui ne mangeait pas à sa faim depuis des décennies. Elle se retint.

Rachele reprit l'interrogatoire commencé par son mari.

– Football, hein ? Je trouve « amusant » que les gens fassent la fête dans la rue lorsqu'il y a la Coupe du monde… Et tout ça, ça te plaît ?!

– Oui, Madame. Il y a de la passion chez les supporters, il y a la magie dans le jeu, il y a l'attente du but…

– Mais ils font beaucoup de bruit quand même, et je trouve qu'ils sont d'un vulgaire…

– Pourtant en tribune VIP, il y a toujours beaucoup de gens célèbres, vous savez ? Des acteurs, des hommes politiques, des riches, le football est une belle vitrine pour tous, répondit Andrea qui commençait à s'énerver.

Mais combien de temps devait encore durer ce petit déjeuner ?

– À la maison, vous parlez de football ? Daniele n'a jamais aimé ça !

Elle sous-entendait « heureusement », mais Daniele intervint avant qu'Andrea ne réponde.

– Ne t'inquiète pas maman, on a d'autres sujets de conversation à la maison, crois-moi.

Et il prit la main d'Andrea avec une chaleur complice tandis que l'atmosphère se faisait de plus en plus pesante. Il semblait que l'on n'appréciât aucune espèce de plaisanterie dans cette maison, mais Andrea n'y pensa pas tandis qu'elle s'exclamait :

– J'ai trouvé ! Voilà à qui il ressemble, Nino ! À Galderisi !

Cette fois, même Daniele la regarda avec stupéfaction. Andrea, imperturbable, continua :

– Tu sais, l'ex-attaquant de Vérone. Giuseppe Galderisi, dit « Nanu ». Maintenant il joue à Padoue. Je n'arrivais pas à trouver qui il me rappelait ; j'y pense depuis que nous sommes arrivés.

– Galderisi…

Rachele planta sur Daniele un regard accusateur et Nino se renferma dans un silence vexé. Andrea pensait lui avoir fait un compliment – en fin de compte Galderisi était un bon attaquant –, mais elle décida de ne pas insister. Glauco émergea de son troisième café noir et s'adressa à son fils.

– Tu as pensé à ce que je t'ai dit ?

– Oui, papa. Mais la réponse est toujours non.

Daniele fit un signe au domestique qui lui versa un autre café.

– Ton père a raison, Daniele. Tu ne peux pas continuer toute ta vie à vendre des culottes, ce n'est pas… honorable. Et puis maintenant que Nino part, on compte sur toi pour t'occuper des affaires de la famille.

– Écoute maman, on en a déjà parlé. Ma boutique, ma collection, c'est très important pour moi. Pourquoi ne voulez-vous pas le comprendre ? Nino a la vocation du missionnaire, moi celle du commerçant mais aussi de l'entrepreneur, je veux créer quelque chose.

– Ce n'est pas possible, Daniele. Andrea, dis-le-lui toi aussi : ce n'est pas comme ça que vous irez loin, l'une avec son foot et l'autre avec ses culottes !

Il y avait une limite à tout.

– Pour moi, Daniele est un artiste. Ses… « culottes », comme vous dites, sont absolument divines.

Au mot « divines » Nino se sentit concerné deux secondes et demie et replongea illico dans sa torpeur. Tout le monde se mit à parler ensemble.

– Artiste ? Artiste en culottes ?! s'offusquait Rachele.

– On peut continuer à en parler au déjeuner, essaya Glauco, plaçant là ses talents de diplomate.

Au déjeuner ? Ils étaient à table depuis déjà deux heures et la perspective d'un déjeuner donnait des frissons à Andrea.

– Déjeuner ? Quel déjeuner ?

Andrea décida qu'elle avait fait sa part. Et puis elle n'aimait pas que son amoureux soit traité ainsi.

– Je suis désolée, mais il n'est pas possible que nous restions déjeuner.

Tout le monde se tut : personne n'avait inclus Andrea dans la conversation, et surtout personne n'avait imaginé qu'il fût possible de refuser une invitation à déjeuner chez les Poli Aliberti.

Quatre paires d'yeux la fixèrent simultanément, comme si elle était l'arbitre d'un match.

– Carton rouge pour tout le monde… essaya-t-elle de plaisanter, mais évidemment personne ne comprit ce qu'elle voulait dire par là. Elle enchaîna :

– On ne peut pas rester, parce que j'ai un engagement avec le Villari et je ne peux pas m'y soustraire.

Elle leur accorda une petite explication.

– Le Villari est le club de mon quartier, la Garbatella. Un quartier plein de gens vulgaires qui courent partout en riant. Une horreur. Bref, en plus d'être une supportrice du Villari, je suis aussi responsable de son secrétariat. Et aujourd'hui le président a décidé d'organiser un repas avec les joueurs et des amis pour parler de la prochaine saison du championnat. C'est une équipe qui se bat depuis des années en Promozione, vous savez. Cette année elle est passée en catégorie supérieure en Eccellenza, un classement historique pour ce club, ajouta-t-elle avec orgueil.

Face à elle, se tenait un trio de carpes bouches ouvertes, l'une était en robe Gucci, l'autre portait une cravate et la troisième d'immenses lunettes. Elles avaient été littéralement ferrées par la sortie d'Andrea.

Andrea en profita pour se lever, suivie par Daniele qui lui souriait de toutes ses dents.

– Eh bien, ça a été un immense plaisir, Madame Poli Aliberti… Monsieur Poli Aliberti… Nanu… ou plutôt Nino… J'espère qu'il y aura d'autres occasions, peut-être que la prochaine fois on prendra tous un bain dans la piscine avec les culottes de Daniele, hein…

Avant que les trois carpes aient eu le temps de réagir, Andrea et Daniele étaient déjà sortis.

Une fois dans la voiture, Daniele l'embrassa avec passion.

– Tu as été géniale… comment t'est venue l'idée du Villari ? Tu es trop forte, mon amour.

– Elle m'est venue à l'esprit simplement parce que… c'est vrai.

– Tu es en train de me dire que maintenant tu dois aller au Villari ?

– Bien sûr, trésor, mais je ne peux quand même pas dire non à Rosari, hein ? Tu veux pas venir ?

Alors que la voiture filait vers Rome, Daniele crut voir l'ombre des crucifiés projetée sur la route à intervalles réguliers.

Entre le Villari et Fischio finale, *le travail commence à me prendre vraiment beaucoup de temps.*

Bien sûr, Sassi n'est pas à proprement parler très sympathique, mais le plus important, c'est qu'il m'ait pardonné cette terrifiante erreur.

De toute façon ça m'a appris qu'il faut toujours faire très attention à son travail, dans ce domaine surtout. Je n'ai pas le droit de tomber malade, par exemple. Il y a trois jours, j'ai eu une colique terrible mais, malgré la douleur qui me pliait en deux, j'ai quand même dû aller faire une interview pour Private Star *: si je n'y étais pas allée, ils l'auraient fait faire par quelqu'un d'autre, Fabio peut-être. Ce n'est certainement pas un travail où tu peux te reposer ou te laisser aller.*

En effet, avec Daniele, on se voit moins : le soir parfois, je ne suis pas là et lui, il n'est pas là durant la journée. Je lui dis toujours que comme ça, on ne prend ni le risque de s'ennuyer, ni celui de se disputer. On s'aimera toujours et c'est tout.

Ses rapports avec ses parents ne changent pas, ils ont même empiré. Ça me fait penser à la façon dont ma mère s'est toujours opposée à ma passion pour le football. Comme si on n'avait pas le droit de vivre sa vie ! Marco s'est marié. Sa femme me semble tellement insipide qu'elle me donne envie de dormir seulement à la regarder. Je suis un peu vexée quand même…

Avec Claudia, ça faisait longtemps qu'on ne se voyait pas et pour se balader, on est allées dans le centre, dans un bar près de la place Navona. Dans ce bar, il y avait un mur avec toutes les photos d'artistes qui ont chanté là ces dernières années.

Parmi d'autres, il y avait une photo de Mirco Sebastiani assis sur un tabouret qui jouait de la guitare. Le patron qui venait d'acquérir ce bar a été gentil, il m'a laissé la photo.

Rupture

– Salut mon amour, quelle belle surprise ! Tu es déjà à la maison ?

Andrea ouvrit la porte avec difficulté, étant donné qu'elle était chargée de paquets. Pour une fois, elle avait fini plus tôt et elle voulait préparer un petit dîner pour Daniele. Cela faisait plus d'une semaine qu'ils n'arrivaient pas à dîner ensemble.

– Oui… comment vas-tu ?

Daniele se leva et l'embrassa. Il avait une bière à la main et Philippe était commodément allongé sur le canapé.

– Félicitations, Phil… maintenant tu as même conquis la place sur le canapé hein ? plaisanta Andrea, tandis qu'elle rangeait le contenu de ses paquets. Dans l'évier, il y avait encore les assiettes de la veille et la kitchenette était en désordre.

– Mon amour, je vais prendre une douche et après je te prépare un repas dont tu me diras des nouvelles… enfin du moins ce sont mes intentions, hein… Après, le four et moi on a souvent des problèmes.

– Ne t'inquiète pas, la rassura Daniele.

– Je ne m'inquiète pas j'ai envie qu'on fasse la fête. On ne se voit plus depuis beaucoup trop longtemps, tu ne crois pas ?

– Si tu venais travailler avec moi, on se verrait plus.

– Tu plaisantes !.. Je te fais une contre-proposition : tu pourrais toujours travailler toi avec moi…

Dix minutes plus tard vêtue seulement d'un peignoir, Andrea s'activait aux fourneaux, c'est-à-dire une plaque électrique de dimension standard. Daniele était assis dans le canapé devant la télé allumée.

– Il y a quelque chose d'intéressant, ce soir ?

– Tu m'étonnes… Il y a une émission sur le boom que connaît la lingerie en ce moment.

– Effectivement… Alors on mange devant la télé…

– Parfait.

Une demi-heure plus tard, Andrea avait préparé des pâtes à la sauce piquante… un peu trop, parce que après la première bouchée ils se regardèrent tous les deux en restant la bouche ouverte.

– Tu crois que j'ai exagéré avec les piments ?

– Eh bien… c'est assez… fort.

– J'en ai seulement mis deux, tu sais c'est ce qu'on appelle *diavoletti*, les piments romains…

– Plus que le diable, ça ressemble à l'enfer… commenta Daniele en riant mais il continua à en manger. Andrea ne réussit pas à finir son assiette. Elle se consola avec une belle assiette de fromage tandis que l'émission qu'attendait Daniele commençait. Les premières images montrèrent un défilé de lingerie : une dizaine de mannequins, toutes plus belles les unes que les autres, défilant avec pour tout vêtements de minuscules strings et des soutiens-gorge presque invisibles.

– Regarde, regarde un peu quelle ligne…

– De quelle ligne tu parles ?

Mais des modèles transparents, non ?

– Ah ! bien sûr…

Andrea se rapprocha de Daniele. Son peignoir s'ouvrit involontairement, mais elle ne le referma pas. Elle l'embrassa.

– Elle va durer longtemps, l'émission ? lui demanda-t-elle d'une voix suave tandis qu'il continuait à regarder fixement la télé.

– Regarde, regarde un peu comme c'est sexy…

Andrea, à contrecœur, releva la tête de la poitrine de Daniele pour vérifier. En effet, la fille était canon.

– Mouais… Mignonne, oui, mais sans plus…

– Mais Andrea je parle du porte-jarretelles ! Tu as vu quelle classe, ces gouttes de strass ? Ça rend le tout complètement différent. Quelle femme ne rêverait pas de porter un truc pareil ?

– En attendant, tu dois te contenter de moi sans le porte-jarretelles…

Et, langoureuse, elle s'approcha encore plus de lui, sans laisser aucun doute sur ses intentions. Daniele l'embrassa distraitement.

– Daniele…

– Andrea…

– On va dans la chambre ?

– Mais ce n'est pas le moment ! Tu vois bien que je suis en train de travailler !

Andrea commençait à en avoir marre.

– Tu es en train de travailler ?

– Je travaille, Andrea, je travaille. Je ne regarde pas les mannequins, je regarde ce qu'elles portent pour deviner ce qui plaît aux femmes. Tu connais mon travail, non ? Le tien est de regarder des hommes en culottes, non ?

Andrea referma son peignoir. Elle avait soudain froid. Elle s'aperçut que Philippe était sorti, il devait préférer ses toits à cette profusion de blondes et brunes à croquer. C'était un chat qui avait de la classe, Philippe.

– Les hommes en culottes… Mais qu'est-ce que tu délires, là ?

– Je ne délire pas : pour toi le monde a toujours et seulement la forme d'un ballon ! Non ?

Andrea regarda Daniele comme si elle n'arrivait pas à croire à ce qu'il était en train de lui dire. Peut-être avait-elle vraiment exagéré avec les piments, voilà ce qui arrivait quand on ne savait pas bien cuisiner…

– Mais qu'est-ce que le foot à avoir là-dedans, maintenant ?

– Tout et rien. Il n'y a pas de match à regarder, ce soir ?

Andrea commençait à sentir que la petite soirée pépère entre amoureux tournait au vinaigre. Un autre mannequin était en train de défiler en montrant une poitrine merveilleuse, valorisée par un soutien-gorge à armature rouge sur lequel il y avait un petit diamant. Daniele était en train de boire une autre bière. Elle se mit devant la télé.

– Andrea, je ne vois rien avec toi devant.

– Exactement, tu ne vois rien. Là-dessus, je suis d'accord. Alors, dis-moi, quel est le problème ?

– Le problème ? Quel problème ? On ne se voit plus, il n'y a pas de problème.

Andrea fut K-O. debout. Daniele continua.

– Je commence à croire que pour toi le véritable amour de ta vie c'est le football : « Calcio mon amour ». C'est ça ton histoire d'amour.

– Tu es en train de délirer et tu es injuste. J'ai essayé de mettre de côté le plus possible mon travail pour toi et tu le sais bien. Mais cela ne signifie pas que je doive renoncer à mes aspirations et à mes rêves. Je t'ai déjà demandé de renoncer à ta lingerie pour moi ?

– C'est différent. Et puis je t'ai proposé de travailler avec moi.

Décidément ça ne pouvait pas être seulement l'effet des piments.

– Peut-être que ça aurait été mieux si tu avais vraiment été journaliste économique !

– Mais j'ai carrément renoncé à regarder la finale du Milan pour toi l'année dernière ! Ce n'est pas une preuve d'amour importante, ça ? C'était une finale de Ligue des champions, tu sais, et pas un match amical ! La quatrième coupe gagnée par Ajax dans son histoire, enfin !!!

Daniele leva les yeux au ciel.

– Et voilà, c'est reparti ! Tu viens de t'entendre, là ?

Daniele sortit de la pièce en claquant la porte.

Andrea regarda la table basse avec les assiettes sales et les canettes de bière vides. Tout semblait soudainement différent. Tout avait changé.

Le silence était tombé sur la pièce, rompu seulement par la voix du journaliste qui parlait sur un ton très sérieux, presque grave, de fanfreluches et autres volants de soie. Elle prit la télécommande et coupa le son au moment où on attaquait la série nuisettes. Sur Rai 3 il y avait *Sfide*, « Défis », une émission sur le foot avec une optique différente, très profonde et souvent inhabituelle. Andrea se dit qu'elle ne faisait de mal à personne si elle en regardait un peu. Calcio, mon amour.

Elle s'allongea sur le canapé, recroquevillée dans son peignoir. Elle ne ressentait ni douleur, ni rage. Seulement une immense déception. Et du froid, beaucoup de froid.

Longtemps après elle s'endormit, avec la télé allumée et Philippe blotti sur ses pieds nus.

Quand je me suis réveillée, Daniele n'était plus là. J'ai appelé le Villari et j'ai dit à Danilo que j'étais malade et que je ne viendrais pas travailler. J'ai préparé mes valises : sur le lit, j'ai laissé tous les petits ensembles de lingerie que Daniele m'avait offerts. Mon Dieu, quelle tristesse. Ce n'est pas possible que ce soit arrivé et que je ne me suis pas aperçue à quel point Daniele pensait seulement à ses ambitions. Moi je l'aime mais je ne peux pas renoncer à toute ma vie.

Je suis allée habiter chez Claudia. Je n'arrive pas encore à croire à tout ce que Daniele m'a dit. Claudia m'a dit qu'il n'avait pas tort quand il disait que le football est un rival pour chaque homme qui voudrait rester avec moi. Elle a peut-être raison... Mais c'est très exagéré...

Je n'arrive pas à croire qu'après deux ans, cette histoire soit vraiment finie. Mais je crois que ça l'est : je ne laisserai pas mon travail et tous les sacrifices que j'ai faits pour aller vendre des petites culottes en soie... Je ne verrai même plus Philippe. Et juste maintenant je viens d'avoir mon permis, et je ne pourrai pas conduire la voiture de Daniele. Oh ! Daniele, mais pourquoi ?

Mirco

Depuis une semaine, Andrea avait recommencé à faire du footing : elle arrivait au Villari un peu avant 9 heures et elle se mettait à courir autour du terrain, comme au bon vieux temps. Ça lui plaisait, ça l'aidait à décharger la tension et la tristesse. Aucune nouvelle de Daniele, ni message, ni coup de téléphone, ni pigeon voyageur, rien de rien.

La cohabitation avec Claudia était comme leur amitié : chaotique, houleuse, contradictoire et amusante. Avec Claudia, il n'y avait pas d'horaires mais Andrea refusait de sortir tous les soirs, le matin elle était fatiguée par le manque de sommeil. En outre, elle n'était pas d'humeur à sortir, de temps en temps il lui arrivait de pleurer en cachette, et de penser à Daniele et aux souvenirs communs. Elle devait chercher un logement, tôt ou tard, mais pour le moment elle n'en avait ni la force ni l'envie.

Ce lundi-là elle avait décidé d'aller chez sa mère. Cela faisait longtemps qu'elle ne l'avait pas vue. En général, quand Roberta ne donnait pas de nouvelles, ça signifiait qu'elle avait des problèmes ou qu'elle s'était engagée dans quelque nouveau combat qui la tenait pieds et poings liés. Depuis peu, elle s'était inscrite au WWF et elle partait au quart de tour quand il s'agissait de défendre les animaux.

Peut-être avait-elle besoin d'aide, se dit Andrea tandis qu'elle montait l'escalier de chez elle. Chez elle… l'odeur de la Garbatella où elle jouait petite fille avec sa poupée Terminatora…

« *Non so con chi adesso sei, non so che cosa fai ma so di certo a cosa stai pensando. E' troppo grande la città per due che, come noi, non sperano, però, si stan cercando*[11]. »

Andrea avait ouvert la porte avec ses clefs. La musique à plein volume aurait empêché qui que ce soit d'entendre la sonnette. C'était *E penso a te* (« Et je pense à toi ») de Lucio Battisti, une chanson d'amour très émouvante.

– Maman ?

Roberta devait être dans sa chambre. Dans la cuisine, Andrea trouva une copie de *Fischio finale* et elle s'en étonna. Que faisait le dernier numéro du mensuel chez les Margheri ?

« *Sono al buio e penso a te, chiudo gli occhi e penso a te, io non dormo e penso a te. Lalala*[12] . »

11. « Je ne sais pas avec qui tu es, je ne sais pas ce que tu fais, mais je sais certainement à quoi tu penses. La ville est trop grande pour deux qui, comme nous, n'espèrent pas mais sont en train de se chercher. »
12. « Je suis dans le noir et je pense à toi, je ferme les yeux et je pense à toi, je ne dors pas et je pense à toooiiii. Lalalalalalala… »

Andrea ouvrit la porte de la chambre à coucher. Roberta était debout, devant la fenêtre, et elle lui tournait le dos. Elle ne l'avait pas entendue entrer, elle chantait en play-back en y mettant toute la passion dont elle était capable. Andrea ne savait pas très bien que faire, elle hésitait à interrompre ce qui semblait être un moment d'intimité. Elle allait s'éclipser quand Roberta se retourna.

– Andrea !

Roberta offrit un sourire éblouissant à sa fille. Andrea était restée immobile sur le pas de la porte, incertaine.

– *Tesoro !* Mais quelle belle surprise ! Je ne t'avais pas entendue, pardon. Viens, allons à la cuisine. Tu es sûre que tu vas bien ? Tu sembles un peu pâle… tu as vu tante Clara, récemment ? Ça fait quelques jours que je n'arrive même pas à la joindre par téléphone… Tout va bien au Villari ? Claudia ? Le journal ? Les interviews ?

Andrea avait déjà mal à la tête. Roberta était aussi infatigable qu'un journaliste et la bombardait de questions, mais elle avait l'air très en forme. Beaucoup plus qu'elle, en tout cas.

Andrea retrouvait l'odeur caractéristique de la cuisine aux briquettes rouges de l'appartement, au vernis écaillé, dont les murs étaient parcourus par des lézardes qui semblaient s'élargir d'année en année. Elle aurait eu besoin d'urgence d'un bon coup de peinture, mais Roberta en reportait toujours les travaux. Andrea suspectait que c'était parce qu'elle n'avait pas d'argent en ce moment. Elle mit de l'eau dans la cafetière tandis que sa mère s'asseyait. Elle avait le visage fatigué et des cernes marqués, mais Andrea devait admettre que même comme ça, elle était encore très belle.

– Je suis juste passée pour te saluer… Tu vas bien ?

– Bien, j'ai jamais été mieux. Et toi ?

– Moi, magnifiquement, répondit crânement Andrea. Elle préféra changer de sujet et reporta son attention sur le numéro de *Fischio finale*.

– Maman, depuis quand tu lis des magazines de sport ?

Roberta regarda la revue comme si elle la voyait pour la première fois.

– Ah ! ça ? C'est à Gianfranco.

– Gianfranco… ?

– C'est mon nouveau compagnon, avoua Roberta en rougissant légèrement. Andrea regarda sa mère les yeux écarquillés tandis qu'elle mettait sur le feu la petite cafetière. Maintenant elle comprenait pourquoi Roberta ne s'était pas manifestée depuis longtemps : cela n'avait rien à voir avec des problèmes. Comme le visage fatigué et les cernes : rien à voir avec WWF et les animaux en voie d'extinction.

– Formidable.

– Tu vas l'adorer. C'est un fanatique de football. Un bouillant supporter de l'Inter, je crois que ça s'appelle comme ça. Il est né à Milan et il fait l'aller-retour entre Rome et Milan pratiquement une fois par semaine. Il est représentant en produits pour coiffeurs. Quand il vient ici, il ne rate pas un seul match à la télé. Il me parle sans arrêt de formations et de tactiques, l'autre jour, il était furieux pour une histoire de hors-jeu et je n'ai même pas compris ce que ça voulait dire. Mais pour lui c'était très important. Fondamental, même, parce qu'il hurlait devant la télé, en disant que c'était un scandale, qu'il ne savait pas où allait finir le football avec des arbitres aussi incompétents. Il me rappelle quelqu'un… conclut Roberta avec un sourire entendu.

Andrea prépara les petites tasses pour le café et commenta :

– Ce Gianfranco m'est déjà très sympathique. Il a bon goût, remarqua Andrea.

C'était la vengeance du destin, Roberta qui sortait avec un passionné de football. *Non sputare mai in alto che ti ricade in testa*[13], dit un proverbe romain. Et voilà sa mère aux prises avec le ballon, les horaires des matchs…

– Enfin, on peut être une brave personne même si on aime le football, non ? ajouta Roberta presque à voix basse.

–Vraiment, maman ? Tu m'en diras tant… Tu aurais pu me donner de tes nouvelles quand même.

– C'est vrai, excuse-moi, mais je m'inquiétais pour les phoques en voie de disparition et puis Gianfranco…

Les phoques et Gianfranco… C'était typique de sa mère, mélanger les genres. Le café était prêt et Andrea éteignit le feu. Elle le versa dans une petite tasse.

---

13. En français, on dirait : « Ne jamais dire : fontaine je ne boirai jamais de ton eau. »

– Mais parle-moi un peu de toi ! Quelles sont les nouvelles ?

Roberta s'alluma une cigarette. Andrea but le café et elle sentit qu'elle avait les yeux brillants, ça devait être le café qui était trop brûlant à son goût.

– Des nouvelles ? Non, mis à part qu'avec Daniele c'est terminé.

Voilà c'était dit, comme quelque chose d'anecdotique, rien d'important, RAS. Pendant un bref instant, elle réalisa la portée de ses propres mots et elle éclata en sanglots.

Roberta en fit tomber sa cigarette.

– *Oh tesoro mio*… Mais comment est-ce arrivé ?

Andrea était déchirée par les sanglots et en hoquetant et reniflant, elle raconta à sa mère qui la tenait dans ses bras sa rupture avec Daniele.

– Les hommes… toujours les mêmes… Ils ne changeront jamais… laisser ton travail pour son magasin… c'est vraiment d'un égoïsme typiquement masculin !.. Quel idiot ! se fâcha Roberta comme si elle avait eu Daniele devant elle.

– *Oh piccola mia, bella di mamma sua*, mais bien sûr que tu dois défendre tes idées, il ne manquerait plus que ça… tu as été courageuse…

Andrea se rendait compte que sa mère était en train de lui donner raison. Elle se sentait comme une petite fille à ce moment.

– Et en plus il n'aimait pas le football… Pas comme ton père.

Ces mots eurent le pouvoir de calmer Andrea.

– Maman… qu'est-ce que tu veux dire ?

Roberta alluma une autre cigarette. Elle fixa longuement Andrea. Comme si elle hésitait à prendre une décision importante. Elle prit cette décision.

– Qu'est-ce que vous vous ressemblez, toi et Mirco… Les mêmes yeux gris qui deviennent sombres quand vous vous fâchez. Quand j'ai connu ton père, il chantait. J'étais allée dans un local au Panthéon avec mes amies et Clara. Il était là, avec sa guitare et il chantait Battisti. Oui, justement *E penso a te*. J'ai eu le coup de foudre. Il avait un regard rêveur et tendre qui t'allait droit au cœur et une voix magique…

Andrea eut la vision fugace de sa tante qui s'attendrissait quand elle lui disait que Mirco avait une voix d'ange.

– On a commencé à sortir ensemble. Ton père avait quatre grandes passions dans la vie : la musique, le football, le jeu et… les femmes. Mais ça, je ne l'ai pas découvert tout de suite. Au début, les choses allaient assez bien, il me faisait rire et on était bien ensemble. Il me disait que j'étais sa muse, il voulait composer des chansons. Mais le problème de Mirco c'est qu'il voulait faire mille choses à la fois et qu'il n'en terminait jamais une seule : pour lui ce qui était important c'était de gagner le minimum vital et de passer son temps à s'amuser, à jouer. C'était un joueur, ton père, mais au sens large du terme. Il jouait de la guitare, il jouait de son charme, il jouait au foot, il jouait au casino. Il jouait au ballon et puis soudain il t'embrassait et il te jouait une chanson. Comment faire pour ne pas céder à quelqu'un comme lui ? C'était un petit garçon qui n'avait jamais grandi et qui ne voulait pas grandir.

Andrea buvait les paroles de sa mère, elle n'osait presque pas respirer. C'était la première fois que Roberta racontait son histoire d'amour et ça serait probablement la dernière. C'est pour cette raison qu'elle ne posait pas de questions, elle voulait que sa mère parle sans être interrompue, elle ne voulait pas crever la bulle dans laquelle elle était transportée. À ce moment précis, elle n'était plus dans la vieille cuisine de la Garbatella, elle était en 1974, plus de vingt ans auparavant.

– Les premiers mois furent heureux. On s'aimait sans trop se poser de questions. J'étais presque toujours chez lui, il avait une petite maison dans le quartier d'Ostiense. Il ne venait jamais ici, je ne voulais pas que le voisinage soit au courant de notre histoire, elle n'appartenait qu'à nous. Il jouait au football dans le quartier, je savais que certains de ses copains l'appelaient Paolo comme ce Paolo Rossi de la Coupe du monde. Mais ton père… c'était Peter Pan, un enfant, je te l'ai dit, un éternel rêveur. Il ne voulait pas grandir, mais en revanche, il savait faire mal comme un adulte.

Roberta regardait dans le vide, les yeux brillants. Le silence absolu dans la cuisine était seulement interrompu par les voix des petits garçons qui jouaient au foot dans la cour.

– Quand je suis tombée enceinte, j'ai eu la merveilleuse surprise de découvrir que ton père était entouré de beaucoup d'autres muses. J'étais moderne, oui, mais mes principes d'amour libre et de féminisme ne correspondaient pas aux siens. Je n'avais pas prévu un harem. On se disputait : ou plutôt, je me disputais toute seule, parce qu'il ne se fâchait jamais, en aucune occasion. L'homme que j'aimais me proposait tranquillement, toujours avec son sourire enfantin, de vivre avec lui mais de ne pas me formaliser s'il voyait d'autres femmes. Ton père était comme ça. Je lui ai lancé tout ce que j'ai trouvé à portée de main à ce moment-là, y compris son précieux ballon. Je l'ai frappé à la tête et lui m'a dit en riant « tu pourrais être un bon passeur ! ». C'était impossible d'avoir une discussion sérieuse avec Mirco.

Roberta regarda Andrea pour la première fois. Elle la prenait à témoin.

– Qu'est-ce que j'aurais dû faire ? À l'époque, il avait signé pour une tournée dans les pubs de toute l'Italie avec un pianiste qu'il avait connu je ne sais plus très bien où. Seulement, plus tard, j'ai découvert que c'était une pianiste à forte poitrine et aux cheveux blond platine. Bon, d'accord. Mais il était déjà parti et c'était déjà fini.

Andrea ne savait plus que dire.

– Tu es le plus beau souvenir qu'il m'ait laissé.

– Tu ne l'as plus revu ? Il n'a jamais eu la curiosité de voir comment était sa fille ?

– Andrea… c'est seulement pour ça que j'ai toujours essayé de t'éviter cette déception. Égoïste jusqu'à la moelle : c'était son charme mais aussi sa limite. J'en étais vraiment amoureuse : durant toutes ces années, j'ai essayé de soigner mes blessures, c'est pour ça qu'à chaque fois que je sortais avec un homme ça ne marchait pas vraiment. C'est seulement maintenant avec Gianfranco que j'ai l'impression de retrouver un peu de sérénité. Je peux à nouveau faire confiance à quelqu'un. Ça ne me dérange même plus tant que ça de regarder un match, c'est pour te dire… ajouta Roberta pour dédramatiser.

Elle avait vraiment besoin que sa fille comprenne et lui pardonne.

Andrea se rendit compte que sa mère, pour la première fois, lui avait parlé de femme à femme. Cette pensée la frappa : cette mère incompréhensible, si lointaine, si contrariante, si ennemie parfois, avait été amoureuse et avait souffert. Tout comme elle en ce moment.

Pour la première fois elle sentit Roberta proche d'elle : et pour la première fois elle se laissa consoler par elle, en l'enlaçant dans la vieille cuisine aux briquettes craquelées.

24 mars 1997

Mon petit appartement me plaît beaucoup et je ne m'en lasse pas. J'y habite depuis trois mois et c'est la première fois que j'ai un logement rien qu'à moi. C'est perpétuellement en désordre et personne n'est là pour m'en faire le reproche. Et surtout… j'ai pu accrocher tous mes posters de football, des notes de match et des photos partout. J'ai bien sûr accroché le poster d'Henrique que j'avais avec moi quand j'habitais chez Leonardi.

Ah, vive la liberté ! Bien sûr, l'appartement est un peu bruyant, vu qu'il se trouve près de l'arrêt de métro de San

Paolo. Il fait partie d'un immense immeuble, comme il y en a beaucoup dans ce quartier : le matin, il y a le marché et les rues sont bondées. Le métro à deux pas est vraiment très pratique, mais j'économise pour m'acheter une voiture.

Claudia m'a téléphoné, folle de joie : Luigi a été élu par les supportrices véronaises « le joueur le plus sexy » de son club. C'est incroyable : elle m'a réveillée à 2 heures du matin pour m'apprendre ça ! Je pensais qu'elle m'appelait pour me dire que Luigi avait marqué un doublé dimanche dernier… Elle est vraiment unique.

Je commence à récupérer de ma rupture avec Daniele : il me manque encore et j'y pense, mais moins qu'avant. Je n'ai plus eu de nouvelles de lui, c'est incroyable. Il a probablement pensé lui aussi que c'était impossible de se remettre ensemble ou alors… mais est-ce que c'était un véritable amour ?

La Juventus est première du classement avec 49 points, suivie par Parma di Ancelotti avec 43 points. Un Parma vif avec un impressionnant duo en défense centrale : Thuram et Cannavaro. Pour ne pas parler de son gardien de but, Buffon, lui aussi vraiment impressionnant. Il est certainement le gardien de but du futur.

Dans six jours, j'ai 22 ans. Le coup de vieux ! »

Livorno

Ce vendredi-là *Private Star* avait décidé de l'envoyer à Livourne pour interviewer l'étoile montante du cinéma, un certain Christophe Leroy qui interprétait le rôle de Modigliani dans le film éponyme. Castaldi l'avait carrément appelée pour le lui dire, en ajoutant qu'il attendait beaucoup d'elle. Désormais, on lui accordait des tâches de plus en plus importantes.

Dès qu'elle l'avait su, Andrea avait téléphoné à Patrignani, en lui disant qu'elle allait à Livourne par elle-même et qu'elle était à leur disposition s'ils avaient besoin d'elle pour *Fischio finale.* Le Livourne était en série C2 et, même si ce n'était pas particulièrement intéressant pour *Fischio finale*, c'était surtout une occasion de la tester. Un test qui ne coûtait rien, il suffisait de demander une accréditation pour la laisser entrer au stade Armando Picchi. On avait fourni à Andrea, comme à tous les collaborateurs, un petit ordinateur portable pour lui permettre de transmettre instantanément ses papiers. Andrea avait sauté de joie quand elle l'avait reçu. Munie de cette technologie, elle se sentait une vraie journaliste sportive. Ou presque.

Andrea avait loué une voiture pour se rendre à Livourne. Le rendez-vous à l'hôtel Gran Duca de Livourne était à 17 heures, mais elle était partie bien en avance pour parcourir les 300 km qui séparent Rome de la ville toscane.

C'était une belle journée : le soleil se reflétait sur la mer et Andrea pensa qu'elle aurait peut-être le temps de faire une petite balade sur le rivage. *Private Star* lui avait réservé un hôtel tout près, moins luxueux que celui dans lequel elle était en train d'entrer. Elle serait à Rome le lendemain soir, juste après le match.

Elle s'adressa au concierge du Gran Duca de Livourne.

– Bonjour. Je suis ici pour interviewer Christophe Leroy.

– Un instant, je vous prie.

Le concierge téléphona tandis qu'Andrea chercha du regard le photographe qui devait couvrir l'interview. Il n'était visiblement pas encore arrivé. De toute façon, il était 16 h 30 et il restait une bonne demi-heure avant d'être reçue par Leroy.

– *Mia caraaaaaaaaa !!!!!!!*

Mon Dieu ! Simona Dori, l'impeccable attachée de presse de Leroy, entre autres. La même qui lui avait pratiquement raccroché au nez quand elle essayait de retrou ver Dennis Roberti. Trois ans auparavant, une éternité. Mais depuis que *Private Star* envoyait systématiquement Andrea pour sa célèbre rubrique « Moi je le connais bien », de dragon cracheur de feu, Miss Sympa Dori s'était transformée en un doux agneau de Pâques. Elle l'appelait, lui proposait des interviews avec ses protégés moins célèbres et lui lançait un « *mia cara é fantastico* » toutes les deux minutes. Andrea ne la supportait pas, mais elle prenait sur elle, ça faisait partie du boulot. Intérieurement elle continuait à l'appeler « Miss Sympa Dori ».

– Simonaaa ! répondit-elle sur le même ton.

Elles se donnèrent une espèce de faux baiser sur la joue. Grassouillette et peu féminine, elle essayait par tous les moyens d'apparaître à son avantage grâce à un maquillage et des vêtements qu'elle choisissait avec soin. Elle portait presque toujours du noir, parce que le noir, tout le monde le sait, « affine ». Mais elle se servait surtout de son rôle « d'attachée de presse des stars », pour paraître plus séduisante aux yeux des autres.

– Comment vas-tu, Andrea ? Tu as fait bon voyage ?

– Excellent, merci. Je suis en avance, j'attends le photographe.

– Parfait. Christophe est avec *Ici VIP*, ensuite il y a *Grazia*, puis il est à toi… dix minutes comme d'habitude. Tu connais hein… Bon alors, tu montes à 17 heures précises. Suite 404. En attendant, je peux t'offrir un café ?

– Merci, non.

Simona disparut instantanément, en laissant une lourde traînée de Chanel n° 5 derrière elle. Le parfum préféré de Marilyn Monroe. Mais entre Miss Sympa et Marilyn, il y avait un monde et plus qu'un numéro.

– Andrea ?

– Oui.

– Salut, je suis Dario, le photographe.

Les magazines faisaient souvent appel aux professionnels locaux, celui-là avait un accent toscan qui plut à Andrea.

Andrea l'invita à s'asseoir.

– C'est à nous dans quelques minutes.

– Parfait.

Dario s'assit en face d'elle et commença à préparer son matériel photo.

Tout en révisant ses notes pour l'interview, Andrea regardait distraitement les clients qui entraient et sortaient de l'hôtel. L'un d'entre eux qui entrait retint son attention. Il lui rappelait quelqu'un, quelque chose dans sa démarche toucha Andrea. L'homme avait une casquette blanche et une paire de lunettes de soleil : grand physiquement et affûté, il portait un jeans et un sweat-shirt avec un pull-over blanc posé avec une élégance désinvolte sur les épaules. Tandis qu'il parlait avec le concierge, l'homme ôta ses lunettes et Andrea faillit avoir une attaque : c'était Henrique. Oui, lui, Henrique dos Reis Moreira !!!

Dieu tout-puissant, ce n'était pas possible ! Que diable faisait-il à Livourne ? Andrea savait qu'il était blessé, mais pourquoi se trouvait-il justement là, dans la ville toscane ? Il voulait peut-être revenir jouer en Italie ? Mais le Livourne était en série C… Dans le fond, la raison pour laquelle il était là n'était pas vraiment importante, cela lui sembla seulement une extraordinaire coïncidence. Personne ne paraissait l'avoir reconnu, pas même Dario, le photographe toscan qui continuait, imperturbable, à fourbir ses appareils. Andrea tendit l'oreille tandis qu'Henrique demandait sa clé.

– 405 !

C'était la chambre voisine de celle de Leroy. Elle devait faire quelque chose, elle devait. Mais quoi ?

– Je monte, déclara Andrea à Dario.

– Mais… et pas moi ?

– Si, bien sûr, bien sûr. Finis calmement de te préparer et puis rejoins-moi. Suite 405, non, pardon, 404.

Elle ne lui donna pas le temps de répliquer et elle disparut. Elle n'avait pas les idées claires mais avoir Henrique là, à portée de main, et ne pas lui parler, ç'aurait été trop bête. Elle n'eut même pas un seul instant l'idée qu'elle pouvait faire un *scoop* pour *Fischio finale*. Probablement que Henrique était à Livourne incognito – elle n'avait lu nulle part cette info mais elle était tellement sous le coup de l'émotion qu'elle ne raisonnait plus comme une journaliste mais comme une femme.

Elle sortit de l'ascenseur au quatrième étage et elle s'arrêta devant la chambre 405. Il allait sortir de là tôt ou tard, non ? Elle allait lui parler, elle lui demanderait… quoi ? S'il se souvenait d'elle, peut-être ? De cette fameuse rencontre à Florence…

L'ascenseur s'ouvrit en même temps que la porte de la 404 et elle vit le photographe et Simona Dori qui l'appelèrent à l'unisson.

– Andrea !

– Andrea, tu viens. C'est ton tour. Pas plus de dix minutes, hein, gazouilla Miss Odieuse Sympa. Andrea s'exécuta et entra dans la 404, attendant jusqu'au dernier moment que s'ouvre la 405. Rien, malédiction. Rien. Cette porte paraissait bouclée à double tour.

Elle s'assit mécaniquement sur le canapé face à un fauteuil où était assis l'acteur français. Christophe Leroy incarnait le véritable acteur plein de charme, une espèce d'Alain Delon qui fait rêver depuis toujours les femmes italiennes. Grand, musclé, des yeux verts pénétrants avec de longs cils, des cheveux sombres, le visage bronzé, un sourire à se liquéfier, des dents très blanches : une sorte d'homme de rêve au charisme tel que la pièce semblait remplie par son unique présence.

Mais Andrea avait la tête face à la porte de la suite 405 et elle sortit son bloc alors que deux précieuses minutes s'étaient déjà écoulées et Simona Dori la pressait du regard pour qu'elle se dépêche. Le photographe aussi la regardait sans comprendre ce qu'elle était en train de faire. Leroy, impassible, l'observait.

Andrea tendit l'oreille pour essayer de capter un quelconque bruit venant de la 405 qui était contiguë, mais en vain.

– Hum, toussota Dori.

– Quand tu veux, Andrea, ajouta Dario. Trois minutes et demie envolées. Christophe souriait, Andrea était dans les nuages.

– Mmm… oui.

Silence.

– Donc… vous parlez italien ?

Dori était sur le point de la tuer, Andrea en était vaguement consciente. Dans la fiche de presse de présentation de l'acteur, tout était écrit, y compris le fait que Leroy parlait correctement anglais, italien et espagnol.

– Oui, oui, bien sûr.

Ce « r » arrondi… s'il y a une chose qui fait littéralement devenir folles les femmes italiennes c'est l'italien parlé avec un fort accent français : à leurs oreilles, ça sonne comme une musique sexy, tout comme certaines erreurs de prononciation.

Mais Andrea n'était pas d'humeur à apprécier les accents – mis à part peut-être l'accent brésilien – et elle était perdue dans un monde bien à elle, un monde où il était question de suite 405, de suite 404 et de Henrique.

– Andrea, tu n'as plus que cinq minutes, tonna Miss Odieuse Détestable Sympa Dori qui était en train de se demander s'il fallait la jeter dans la mer de Livourne ou la réduire en morceaux tout de suite. Le photographe avait commencé à prendre des photos et Christophe semblait amusé, comme si enfin il se passait quelque chose d'intéressant dans cette interminable journée.

– Donc… vous avez été l'acteur principal de *Scènes d'amour.* Qu'avez-vous pensé quand on vous a proposé ce rôle ?

Silence glacial. Christophe n'avait joué qu'un petit rôle dans ce film et qui n'avait pas très bien marché au cinéma. Il la regarda, légèrement surpris, mais il la reprit poliment.

– À dire vrai, ça n'a pas été vraiment mon rôle le plus important… mais dans la vie, tout sert et il faut bien commencer quelque part, non ? Donc je l'ai accepté avec enthousiasme.

–Voilà… parfait… et maintenant ça va tout changer ?

« Je parie que Henrique est en train de prendre une douche… et si j'entrais déguisée en femme de chambre ? »

– J'espère…

–Vraiment ? Je peux entrer habillée en femme de chambre ?

L'acteur la regarda de ses yeux magnétiques, qui auraient fait battre à eux seuls le cœur d'une grande partie de la population féminine mondiale. Et il éclata de rire tandis que le photographe ne comprenait pas pourquoi *Private Star* avait envoyé une journaliste aussi écervelée. Simona Dori écumait d'une rage qui sortait par chacun de ses pores.

–Vous pouvez vous habiller comme vous voulez… mais où voudriez-vous aller habillée en femme de chambre ?

Andrea revint à elle. Encore deux minutes pour la pire interview de sa vie. Qu'était en train de faire Henrique ?

– Non… c'est que… bon. Pourquoi avez-vous choisi Livourne ?

– Eh bien ça me semble évident… Je veux connaître les racines de mon personnage. Vous savez que j'interprète Amedeo Modigliani ?

– Qui ? Ah le peintre ! Bien sûr, bien sûr…

– Bien. Amedeo Modigliani est né ici, il a vécu ici son enfance avant de décider de partir à Paris, fasciné par notre belle ville… Vous connaissez Paris ?

– Non !

– Dommage… Une lacune à combler, alors…

– Je te remercie, Andrea, intervint Miss Odieuse Détestable Arrogante Sympa Dori avec un sourire empoisonné qui disait exactement le contraire.

Dori l'aurait volontiers donnée en pâture aux crocodiles. Andrea se rassura : dans la Méditerranée, il n'y avait pas de crocodiles. Andrea se leva et salua Christophe Leroy avec une rapidité mécanique et elle sortit suivie par le photographe qui la regardait d'un air de plus en plus perplexe. Une fois dans le hall, elle se débarrassa de Dario en une phrase :

– Bien, ça a été un plaisir.

– C'est ça…

Il la regarda, dubitatif, et commença à ranger son matériel dans son sac. Pas sûre de ce qu'elle devait faire, Andrea vit devant le hall de l'hôtel un taxi qui était en train de charger des valises et un homme avec une casquette blanche y monter. Non, ce n'était pas possible.

– Excusez-moi… le monsieur de la 405 est parti ? demanda Andrea au concierge.

– À l'instant, Mademoiselle.

– Oh non ! cria-t-elle furieuse. Alors c'était vraiment lui, Henrique, qui était en train de monter sur ce maudit taxi.

Se tournant vers le concierge, elle lança :

– Et vous êtes là à vous tourner les pouces !!! Vous auriez pu l'empêcher quand même, non !!! Vous croyez que j'ai que ça à faire, moi ???

La colère de Dori n'avait pas tardé à se manifester. Une heure après qu'Andrea eut quitté le Gran Duca et se fut cachée dans la chambre que lui avait réservée *Private Star*, Maurizi en personne l'avait appelée, tonnant à tel point qu'Andrea était convaincue que toute la rédaction pouvait l'entendre.

Andrea cette fois-ci avait vraiment fait une grosse bourde. Se moquer de cette façon de la star montante du cinéma européen et peut-être même mondiale ! Et elle voulait devenir une professionnelle ?!!!

Elle s'excusa et elle promit qu'elle allait mettre tout en œuvre pour écrire un beau portrait de cet adonis français au regard vert.

– Non !!!!! Tu ne l'approches plus ! Tu rentres demain. C'est clair ? hurla encore Maurizi.

– Très clair.

– Et que ça n'arrive plus jamais, plus jamais ! Mais t'as quoi dans la tête ???

– Henriq… Rien, je n'ai rien.

Et il raccrocha.

Christophe

Le stade Armando Picchi, appelé ainsi en l'honneur du grand défenseur livournais des années cinquante-soixante, se situe dans le quartier Ardenza de Livourne. C'est un petit stade, dont la capacité est d'un peu moins de 20 000 places. Andrea arriva une demi-heure avant le début du match, elle avait son petit ordinateur portable en bandoulière, autour d'elle les supporters s'empressaient d'entrer mais une bonne partie était déjà à l'intérieur du stade et scandait à tue-tête « Livorno, Livorno ».

L'objectif de la saison était la montée de la C2 à la C1. On voyait partout des drapeaux pourpres et il y avait même d'élégants messieurs portant au cou une écharpe aux couleurs de leur équipe. C'était ce qui fascinait Andrea et ce dont elle était convaincue depuis toujours : le football avait le pouvoir, à travers son langage simple, de plaire à tout type de personne et à chaque classe sociale. Une partie des supporters livournais était clairement de gauche, mais les sympathies politiques n'intéressaient pas Andrea : pour elle, seule comptait la force de la passion avec laquelle on supportait sa propre équipe.

Andrea montra l'accréditation qu'elle avait retirée au guichet et sa carte de pigiste et entra. Il y avait un collègue qu'elle croisait souvent lors des matchs de *Promozione* romaine, il avait un sourire sympathique, mais le regard toujours méfiant. Il s'appelait Raimondo. Mais c'était quelqu'un qui donnait un coup de main et une information si on en avait besoin. Elle le salua et elle accepta un café acheté à un vendeur ambulant. Elle regarda autour d'elle avec curiosité et comme toujours, elle respira l'air du stade à pleins poumons : elle se sentait chez elle, avant un match, il y avait cette adrénaline, cette attente… tout était très éloigné de *Private Star* et du monde du spectacle, même s'il s'agissait là aussi d'un spectacle. Et quel spectacle !

La tribune presse était très petite et elle était pleine et Andrea prit place : elle échappait au stress de ceux qui doivent envoyer tout de suite leurs articles, mais elle voulait tout noter avec soin pour faire une bonne impression à Patrignani et Sassi.

Elle sortit son ordinateur. Les équipes étaient en train d'entrer sur le terrain et, debout devant elle, il y avait un type avec sa capuche sur la tête qui l'empêchait de voir. Andrea attendit un instant, juste le temps qu'il s'écarte et que peut-être il trouve une place, mais, quand elle vit que le spectateur en question n'avait pas l'intention de bouger, elle s'impatienta.

– Eh oh… pardon.

Rien. Il était sourd ou quoi ? Les équipes étaient en train de se placer sur le terrain et le type restait immobile comme une statue. Andrea décida qu'il devait se pousser.

– Hooooo ! Excusez-moi, vous !

Andrea se leva et donna une légère tape sur l'épaule de l'homme qui se tourna, comme s'il se réveillait d'un état de transe.

– Oui ?

Elle ne pouvait pas y croire ! : Christophe Leroy. Oh ! Seigneur ! et que diable faisait-il au stade ? Mais le match était sur le point de commencer et elle n'avait pas de temps à perdre : cet homme lui en avait déjà fait perdre trop avec Henrique et elle ne voulait pas répéter la même erreur avec le Livourne. Et puis, ici, c'était elle qui était sur son terrain. Andrea se rassit en même temps que l'acteur. Lui aussi, surpris, la regarda avec un sourire.

Les autres journalistes aussi commençaient à s'impatienter parce que Leroy les empêchait d'avoir une vision claire du match.

– Ho, ton père était pas vitrier hein !!!

Christophe sembla alors seulement se rendre compte qu'ils étaient énervés contre lui et en se déplaçant il commenta :

– Ce qu'ils sont susceptibles, ici !

Andrea le regarda comme si c'était un extraterrestre.

–Vous aimeriez, vous que quelqu'un se mette devant vous pendant que vous êtes au cinéma et que vous n'arriviez plus à voir votre film ?

Puis elle estima qu'elle avait perdu bien trop de temps et elle se concentra sur le match. Près d'elle, il y avait une place libre et Christophe en profita pour s'asseoir. Il regardait, fasciné, Andrea qui regardait, fascinée, les deux formations.

– Mais vous, pourquoi êtes-vous là ? On vous a obligée à venir pour une raison particulière ?

Andrea détestait déjà par principe quand on lui parlait durant un match. Mais en plus si c'était pour entendre ces idioties !

– Obligée ?

– Eh bien, évidemment, ça ne doit pas être facile pour une journaliste du spectacle de suivre un match, non ?

Andrea se dit que ça ne valait même pas la peine de répondre à Leroy. But ! Le stade explosa de joie et se remit à chanter avec plus de ferveur tandis qu'autour d'eux tout le monde s'embrassait. Il y avait aussi des journalistes supporters et certains sortirent l'écharpe qu'ils avaient cachée dans leurs manteaux. Qui vient de marquer ? Bon sang, Andrea avait raté l'action et elle demanda au collègue à côté d'elle qui continuait à hurler :

– Goal, goal, goal !

– Excuse-moi, qui a marqué ?

– Ria. C'est Ria qui a marqué !

– Merci.

Christophe, toujours caché par sa capuche, essaya de lui demander :

– C'est quel championnat celui-ci ?

Andrea suivait le match et elle n'avait plus l'intention de se laisser distraire.

– Eh ?

– C'est quel championnat ?

– Dans quel sens c'est quel championnat ? Africain, peut-être ?

Christophe l'observa, séduit. Mais il était sérieux.

– Non, quelle division c'est ? Comment dit-on ?

– Ah, d'accord. C'est la série C2. Le Livourne est l'équipe qui reçoit, couleur pourpre. Elle vient juste d'avoir l'avantage, ajouta avec ironie Andrea.

– Merci. Je n'étais pas sûr.

Malgré elle, Andrea se tourna pour mieux le regarder.

– Dites donc… vous êtes en train de vous moquer de moi ?

– Absolument pas. C'est que… je ne comprends rien au football et c'est la première fois de ma vie que j'entre dans un stade.

– Mais pourquoi êtes-vous venu ici, alors ? s'entendit-elle demander. Malgré tout, elle était intriguée et il continuait à garder cette ridicule capuche.

– Parce que les gens m'intéressent. La passion. Lire sur le visage des gens. Se plonger dans l'atmosphère de Livourne. Et le stade est un magnifique théâtre où l'humanité est représentée dans toute sa diversité.

Andrea était presque sur le point de l'applaudir : nom d'une pipe, quelles belles phrases, comme il parlait bien, et puis avec cet accent français… mais juste à ce moment-là son attention se reporta sur le terrain de jeu. Il y avait eu une faute et Andrea prit note. La première mi-temps était sur le point de s'achever. Et elle n'avait pas de temps à perdre avec ce dandy athlétique qui lançait des phrases poétiques.

– On se prend un café ? proposa-t-il.

– Vous vous croyez où ? On n'est pas rue Veneto, ici… répondit-elle et à ce moment-là passa Raimondo qui regarda avec curiosité ce type en capuche.

– Andrea… quand est-ce que tu retournes à Rome ?

– Juste après le match.

– Il te reste de la place ? J'ai un collègue qui a besoin d'un lift.

– D'accord !

C'était une habitude entre journalistes.

– Et pour moi il n'y a pas de place, même si je ne suis pas un collègue ?

Andrea regarda Leroy, qui ajouta :

– Peut-être qu'on peut partir tout de suite… le match est terminé, non ?

– Un match de football dure quatre-vingt-dix minutes plus le temps additionnel. Ils ont seulement joué la première mi-temps qui dure quarante-cinq minutes, répondit Andrea comme si elle était en train de parler à un enfant.

– Dommage… Parce que toi, petite fille aux yeux fatals, tu es la femme de ma vie.

Les joueurs étaient en train de revenir sur le terrain. Andrea s'assit à nouveau. Christophe, n'avait pas l'intention de décoller. Elle continuait de le vouvoyer pour mettre un peu de distance, mais il semblait que ça ne fasse aucun effet sur le Français. Malgré elle, cette phrase l'avait fait sursauter. Personne ne lui avait jamais parlé comme ça.

– Je voulais te dire que j'ai renvoyé cette idiote. Tu as été la seule note amusante de toute ma journée et je n'ai pas trouvé gentil le fait qu'elle ait appelé ton directeur. Je me suis fâché quand je m'en suis aperçu.

– Vous avez renvoyé Miss Sympa Dori ?

– Oui. Miss Sympa ?

Il rit et il réajusta sa capuche, l'enfonçant encore plus sur sa tête. Andrea lui demanda :

– Pourquoi gardez-vous cette capuche sur la tête ?

– Pour rester incognito. Sinon on va me reconnaître.

Andrea leva les yeux au ciel et se retint d'éclater de rire. Mais où se croyait-il celui-là : à Hollywood ? Et surtout, pour qui se prenait-il, George Clooney, peut-être ? Mon Dieu, quelle prétention ! Elle ne pourrait jamais sortir avec un homme pareil.

Jamais.

14 décembre 1997

Mon mariage avec Christophe ressemblait à celui d'une vraie princesse : trois cents invités, que des stars pour lui, que des amis de la Garbatella pour moi.

Ma robe a été dessinée par Armani !

Voyage de noces : à Paris, puis aux Seychelles.

Cadeau de noces : dix robes Dior. Claudia, qui était mon témoin, n'arrivait pas à le croire. C'est vrai que Christophe exauce tous mes désirs. Maintenant je l'appelle mon Aladin. Luigi m'a demandé pourquoi je me suis mariée.

Pourquoi ? Parce que ça m'amuse. J'en avais envie.

18 février 1998

Cocktail Gucci à la villa Miani.

25 février 1998

Coiffeur et esthéticienne. Tante Clara est venue avec moi et elle a des cheveux rouge flamboyant. Elle dit que cette couleur la rajeunit.

Essayage chez Prada pour la robe grise.

Soir : dîner avec le producteur de Un homme parfait.

13 mars 1998

Déjeuner avec l'attachée de presse de Christophe, Carola, pour organiser la soirée du 30 juin.

Anniversaire de maman, se souvenir du cadeau.

16 mars 1998

Passer chez Claudia pour un petit coucou.

18 mars 1998

Inauguration du restaurant Chez moi *au Parioli.*

20 mars 1998

Parler à la cuisinière pour l'organisation du dîner du 28. Faire le menu.

Parler au fleuriste.

Soir, dîner avec le metteur en scène de Un homme parfait.

21 mars 1998

Cocktail Fendi pour fêter le printemps ! Il ne manquait plus que ça… heureusement qu'ils n'organisent pas un cocktail pour fêter le début de chaque mois…

30 mars 1998

Mon anniversaire. Christophe m'emmène dîner à Paris, puis on rentre à Rome le jour suivant.

Femme de

– Ici, je vous prie, regardez par ici. Un sourire, voilà… splendide… merci.

Le photographe de *Private Star* était satisfait. Le reportage en studio allait être extraordinaire avec Andrea et Christophe Leroy habillés en Versace. Andrea regarda l'heure. Elle devait se dépêcher pour rentrer chez elle : elle n'avait pas encore fini d'écrire son article pour le numéro de mai de *Fischio finale* ; elle était très en retard.

– Bye, mon amour. Je t'appelle de Venise, hein ?

Christophe l'embrassa passionnément tandis que son chauffeur lui ouvrait la portière de sa Volvo.

– Tu es sûre que tu ne veux pas que je t'accompagne ?

– Non, non, vas-y. Je vais prendre un taxi.

– Sache que tu es la chose la plus extraordinaire qui me soit arrivée.

Christophe lui fit une espèce de révérence et il monta dans la voiture. Andrea sourit et l'embrassa à nouveau.

– Merci, mon Aladin.

Elle le vit disparaître. Tout avait changé si vite… Pour arriver à la rue Ugo de Carolis, dans le palace de la Balduina où ils avaient emménagé, il fallait au moins vingt minutes. Elle allait probablement devoir annuler son rendez-vous chez l'esthéticienne.

« Une chose à la fois », pensa-t-elle.

D'abord *Fischio finale*. Andrea n'en revenait pas : au retour de son voyage de noces à Paris et aux Seychelles, Sassi l'avait appelée pour l'embaucher… Son rêve depuis qu'elle était toute petite se réalisait. On lui avait même confié une rubrique qui s'appelait, « La chronique d'Andrea ». Une rubrique rien qu'à elle. Chaque mois elle devait choisir un sujet qu'elle était libre de traiter comme elle le désirait. Un autre de ses vieux rêves.

Depuis qu'elle signait ce billet, elle était sollicitée par de nombreux médias et son agenda se remplissait à toute vitesse.

Naturellement elle acceptait tout, pourvu qu'elle puisse faire partager au plus grand nombre sa passion pour le football. Même si cela avait immédiatement posé un problème d'organisation par rapport à Christophe. Elle ne pouvait pas le suivre partout, comme elle avait pensé naïvement le faire au début. Le tournage du film sur Modigliani était terminé et il avait déjà accepté un nouveau rôle. En attendant de tourner *Un homme parfait*, Christophe allait être Giacomo Casanova dans le film *Moi* et elle savait qu'elle pourrait dans le meilleur des cas le rejoindre durant les week-ends. Christophe n'avait pas été très heureux en l'apprenant et ses magnifiques yeux verts s'étaient assombris.

– Mais, mon amour, tu devrais te rappeler que je suis le centre de ta vie, non ? Je suis le Soleil et toi la Terre qui tourne autour… C'est pour ça que je t'ai épousée…

– Oui, je sais chéri, mais je ne peux pas dire non maintenant à *Fischio finale*.

Si elle n'avait pas dit non à *Fischio finale*, elle avait quand même dû renoncer à *Private Star* : elle avait signé un droit d'exclusivité. Ce ne fut pas une mince affaire, Maurizi était prêt à lui faire un pont d'or pour qu'elle reste dans son magazine.

Andrea commença à se rendre compte de ce que signifiait être mariée avec Christophe Leroy. Par effet miroir, elle aussi était en train de devenir une célébrité et désormais les portes s'ouvraient toutes seules. Pour renvoyer l'ascenseur à Maurizi – elle n'oubliait pas qu'il lui avait mis le pied à l'étrier –, elle avait accepté de poser avec son mari en couverture du mois de mars de *Private Star*. Elle conjura Christophe d'accepter un tarif bien moins important qu'à l'ordinaire. De plus, sa rubrique « Moi je le connais bien », confiée à un collègue, lui était consacrée le même mois !

Celle qui plus que tout le monde était devenue complètement folle, c'était Claudia. Elle appelait Andrea à n'importe quelle heure pour lui signaler tout ce qui paraissait et se disait sur elle. Rien ne lui échappait. Christophe et Andrea étaient le couple du moment et il n'y avait pas un journal qui ne s'intéressait pas à eux.

Maintenant, quoi qu'elle dise, quoi qu'elle fasse ça finissait dans les journaux. Elle était devenue un objet de curiosité. Il fallait qu'elle se prononce sur tout, ses vacances, ses recettes persos de pâtes, le mariage du blanc et du beige, les collections d'hiver, les collections d'été, la neige, le soleil, les larmes, les crocodiles, sa maman, l'argent, Ferrari ou Lamborghini ? Et Christophe ? Ça faisait quoi d'être mariée à une star ? Il buvait beaucoup ? Elle allait lui faire un enfant ? Deux enfants ? Et l'adoption, ils y avaient pensé, à l'adoption ? Et le dalaï-lama dans tout ça ? Et Christophe ? Christophe ? Qu'est-ce qu'elle pensait des films de Christophe ? Des goûts de Christophe ? Des amis de Christophe ? Des partenaires de Christophe ? Et la Bullock ? Et Sharon ? Hein, Sharon ? Elle était pas jalouse ?

Maintenant, elle avait tout ce qu'elle pouvait désirer. Ses problèmes d'argent faisaient partie d'un lointain passé. Elle ne pouvait plus rien espérer, parce qu'elle avait tout.

Elle avait donné à sa mère de l'argent pour faire tous les travaux nécessaires chez elle et offert une nouvelle garde-robe à tante Clara.

La vie avec Christophe était une perpétuelle aventure, une surprise : leur histoire ressemblait plus à celle de deux amants qu'à celle de mari et femme. Ils se voyaient quand c'était possible, ils partageaient des moments de sexe effrénés et c'était peut-être ce qui les reliait plus que tout. Elle n'avait pas vécu cette sensation de fusion avec Daniele. Et puis Christophe savait la courtiser et la séduire avec ses belles phrases.

– Viens, clair-obscur de ma vie. Illumine l'obscurité, obscurcis le jour, mon amour.

Alors qu'elle se remémorait cette dernière déclaration, son téléphone sonna ; Andrea jeta un coup d'œil et vit que c'était Danilo. Elle n'avait pas le temps de lui répondre, peut-être plus tard. C'était déjà la troisième fois qu'il l'appelait, mais il n'avait pas de chance, à chaque fois elle avait quelque chose à faire. Danilo ne lui laissait jamais de messages, il disait qu'il détestait les répondeurs.

Elle n'allait plus au Villari depuis plus de deux mois. Elle le négligeait, avec toutes les choses qu'elle avait à faire… et puis, la Balduina n'était évidemment pas à côté de la Garbatella, comment pouvait-elle faire ? Il était facile de comprendre qu'elle n'avait pas de temps pour tout.

Par cœur

Il y avait une foule considérable à l'extérieur du cinéma Metropolitan de la rue del Corso. Elle attendait, de chaque côté du tapis rouge gardé par un service d'ordre looké *Men in Black*, la sortie des stars qui étaient venues assister à la première de *Modi*, le dernier film de Leroy. On s'accordait à dire que la prestation de la nouvelle coqueluche du public était tout simplement magistrale.

Pour cette manifestation ultramédiatisée, Andrea s'était soumise à la torture du maquillage, coiffure et préparation complète durant cinq bonnes heures. Elle était déjà exténuée. Dans le miroir elle avait presque eu du mal à se reconnaître sous les traits de cette dame raffinée et maquillée qui la regardait, si lointaine de l'Andrea à laquelle elle était habituée.

La robe noire Prada était très belle mais trop étroite et elle avait l'impression de ne pas pouvoir respirer dedans. Il avait fallu se prêter à la cérémonie du tapis rouge et paraître décontractée au bras de l'homme le plus désiré du moment.

Souris, souris, souris. Regarde par ici, regarde par là, que penses-tu du monde, des animaux, des poissons, du chocolat en poudre, de la Roma, de la Juventus, du Milan, de l'Inter, du dalaï-lama, du soleil qui brille et de la lune qui se couche ? Et de Christophe, et de Christophe, et de Christophe ? Quelle chance tu as, quelle chance tu as…

Un peu plus d'un an était passé depuis qu'elle l'avait rencontré. Des séances photos, des invitations au théâtre, au cinéma, à des dîners et déjeuners, à des baptêmes, des communions, des mariages et même à des funérailles, à des défilés de mode, à des inaugurations d'hôtels, à des fêtes, en discothèque, à l'Opéra et même au baptême d'un bateau ! Tout en courant derrière Christophe avec la bienveillante compréhension de *Fischio finale*, de Roberta et de tout son entourage qui paraissait l'inciter à répondre à n'importe quel désir de l'artiste.

– Avec un mari comme lui, que demander de plus à la vie ? Quelle chance tu as eue ! s'entendait-elle répéter par tous, même par le fleuriste en bas de chez elle qui l'arrêtait chaque jour pour lui demander si elle pensait que Cesare Maldini était le bon sélectionneur pour faire gagner l'Italie à la prochaine Coupe du monde et qu'en pensait Christophe ?

Christophe n'en pensait rien pour le moment : il cachait son stress dans l'attente de la projection avec le plus séduisant des sourires et Andrea devait admettre qu'il était né pour faire du cinéma. Il était tout simplement magnifique.

– *Sono bello*[14] ? lui demanda-t-il dans un murmure, pas trop inquiet de la réponse.

– Mais oui chéri, tu es irrésistible, confirma-t-elle tandis qu'ils s'asseyaient près de Roberta et Gianfranco. Le film était sur le point de commencer et l'atmosphère était électrique. Elle rappelait à Andrea celle du stade, juste avant que l'arbitre ne siffle l'engagement.

Le cinéma fut plongé dans le noir d'un silence absolu et le film débuta.

Bien sûr, Modigliani n'avait pas les yeux verts comme lui mais les lentilles de contact et le maquillage permettaient au beau visage de Christophe de ressembler à celui du peintre. Avec les yeux couleur charbon, ardents de passion, dans la première scène il s'adressait à l'amour de sa vie, Jeanne Hébuterne, la jeune femme qui se suiciderait, enceinte, le lendemain de la mort du grand Amedeo.

– Parce que toi, petite fille aux yeux enchantés, tu es la femme de ma vie, était en train de dire Christophe et il s'en fallut de peu pour qu'Andrea ne tombe de son siège.

– Sache que tu es la chose la plus extraordinaire qui me soit arrivée.

Oh Seigneur, ça ne pouvait pas être vrai ! Andrea regarda Christophe, très concentré sur lui-même et qui exhibait un sourire de satisfaction intense.

---

14. Je suis beau ?

–Viens, lumière et obscurité de ma vie. Illumine l'obscurité, obscurcis le jour, mon amour.

Mais qui avait-elle épousé ? un scénario vivant ? Andrea ne savait pas s'il fallait rire ou pleurer et elle s'efforça de rester calme jusqu'à la fin.

– Qu'en penses-tu ? lui demanda Christophe, en se délectant de la réaction du public qui semblait en transe. Andrea décida d'adopter le « sans commentaire » réservé à la presse derrière lequel les joueurs se retranchaient lorsqu'ils ne voulaient pas parler aux journalistes. Elle jeta un coup d'œil dans la salle : l'attachée de presse, la minuscule Carola, le metteur en scène, les producteurs, les acteurs, les critiques, le public, sa mère, étaient tous en extase face au phénomène Leroy.

Dans la dernière scène, Christophe Modigliani s'adressait à ses camarades de beuverie :

–Je me sens bien ici, au milieu de vous, parmi vous. Je respire cette atmosphère de bonheur et je me sens heureux avec vous, grâce à vous. Et avec cette légèreté d'âme je vous dis : je suis ici et je ne me cache pas. Je ne cache pas ma joie qui est ici avec moi et que je veux partager avec vous, mes amis vous qui m'aimez et que j'aime comme une part de moi…

Ce n'était pas possible… pas même leur mariage n'avait été épargné… c'était son discours de mariage… Andrea fixa Christophe. Il était très beau. Mais elle n'avait qu'une envie, rentrer à la maison. Elle avait besoin de rester seule. Les applaudissements crépitèrent. Christophe saluait la salle debout pour une *standing ovation* comme un comédien de théâtre, tandis qu'il lui murmurait :

– J'ai été bon ?

Andrea n'eut même pas le temps de répondre, un journaliste lui demandait déjà :

– Madame Leroy… qu'éprouvez-vous après avoir assisté à la merveilleuse démonstration de talent de votre mari ce soir ?

– Comme vous dites : merveilleux. C'est comme le ralenti d'un but à la télévision ; le *replay*. Une leçon !

Elle se libéra du journaliste qui méditait encore cette réponse mystérieuse et elle se sentit à nouveau alpaguée par le bras.

– Pardon…

Elle se retourna, prête à fusiller le gêneur mais elle se retrouva face à un visage familier. C'était Danilo.

– Andrea, je dois te parler.

La Coupe du monde en France

Fin mai 1998

C'est Sassi en personne qui m'a annoncé que j'étais l'une des envoyées spéciales de Fischio finale *à la Coupe du monde en France. Une grande joie, mais ensuite Marco m'a fait redescendre sur terre et il m'a dit « Ça sert d'être mariée à un grand acteur, hein ? ». Le destin d'une femme : quand j'ai commencé à écrire, on disait que je couchais avec Patrignani… mais jamais personne ne te dit que tu as du talent ? Que tu es valable ? Que tu es pro ?*

Les coups de téléphone, tu les reçois seulement si tu as fait une erreur et jamais pour entendre des compliments ! Enfin, bref.

La Coupe du monde commence le 10 juin par Brésil-Écosse, l'Italie jouera son premier match le 11 contre le Chili, la France l'hôtesse de maison le 12 contre l'Afrique du Sud à Marseille. C'est ma première Coupe du monde, une expérience fantastique, le rêve de quiconque fait ce métier.

Christophe est à Paris pour étudier calmement son rôle de Casanova. Il est parti tout de suite après la première de Modi *pour préparer son nouveau personnage. Quand j'ai essayé de lui dire que pour lui, il n'y avait pas de différence entre la vie réelle et le cinéma, il m'a regardée comme si j'avais bu : « Je suis ça et mille autres encore, mille hommes et mille personnages qui t'aiment. Tu devrais être heureuse d'avoir tous ces gens autour de toi. »*

Aller à Paris sera une excellente chose aussi bien pour le travail que pour mettre les choses au clair avec Christophe.

Et puis il y a un autre problème, un gros problème : il faut trouver une solution pour le Villari. Je ne savais pas que Rosari s'était endetté de cette façon pour monter une équipe compétitive en Eccellenza. Il voulait mener le Villari en C et maintenant, au lieu de ça, il se trouve obligé de vendre. Mais il ne m'a rien dit. Il faut presque 800 millions de lires !!! Mince. Une somme énorme. Luigi ne l'a pas. Et à la place du Villari, une société immobilière veut construire une zone pavillonnaire. Société qui paraît-il appartient à Gianpaolo De Mitri. Eh oui, le beau-père du cher Fabio qui a essayé de me piquer « Moi je le connais bien ». Et maintenant ils veulent piquer le Villari.

Un lotissement pavillonnaire ! Au nom du ciel, quelle horreur ! J'ai mal au cœur rien que d'y penser.

Divorce à la parisienne

Paris. Pendant sa lune de miel, Andrea était tombée amoureuse de la capitale française. La maison de Christophe était dans la rue Poulletier, sur l'île Saint-Louis, le quartier le plus ancien de Paris, avec en arrière-plan Notre-Dame, près de la petite place où l'on peut déguster les célèbres glaces de Berthillon.

L'appartement de Christophe était au troisième étage : soixante-dix mètres carrés pleins de lumière et de… portraits de lui éparpillés un peu partout, en même temps que des scénarios, des livres sur le cinéma et sur le théâtre. La pièce la plus grande était la chambre à coucher où trônait un lit aux proportions énormes. Autour, il y avait toute une série de miroirs qu'elle avait trouvés d'un goût douteux mais elle avait compris qu'il avait besoin de voir son image constamment.

Elle s'était baladée jusqu'à Saint-Michel puis, les jours suivants, elle avait traîné son mari faire un tour avec elle dans le quartier Latin et à Saint-Germain. Le reste du temps, ils l'avaient passé entre des miroirs. Elle s'était promis de revenir pour visiter cette magnifique capitale dans ses moindres recoins et plus… sereinement.

La Coupe du monde n'était pas exactement le bon moment pour satisfaire ce désir, ce fut pourtant à cette occasion qu'Andrea retourna à Paris.

Dans cinq jours la compétition allait commencer. Christophe était à peine au courant, il s'en fichait, il se préparait pour son prochain film, enfermé dans sa tour d'ivoire parisienne.

Andrea n'avait pas dit à Christophe qu'elle arrivait à Paris ni que son journal lui avait réservé une chambre d'hôtel. Arrivée au troisième étage de la rue Poulletier, elle se demandait quelle allait être sa réaction.

Elle avait pensé lui faire une surprise.

– Christophe ?

Silence. L'appartement était grand, mais ce n'était pas un château. Andrea était convaincue qu'elle allait trouver Christophe dans la chambre à coucher. Il semblait vivre seulement dans cette pièce, il lui avait expliqué qu'il y trouvait toujours la façon de se régénérer et de trouver la bonne inspiration. En effet, Christophe était au lit. Il dormait. Enlacé à un scénario et à la minuscule Carola, son attachée de presse. Minuscule, oui, mais accrochée comme du chiendent à sa poitrine.

– Sale porc ! hurla Andrea et Christophe et Carola se réveillèrent d'un coup et le scénario atterrit par terre, renversant plusieurs cadavres de bouteilles de champagne.

– C'est comme ça que tu trouves l'inspiration, hein ?

Christophe la regarda, surpris, tandis que Carola décidait qu'il serait judicieux pour elle de se rhabiller vite fait afin de prendre la poudre d'escampette.

Andrea ne lui concéda même pas un regard. Christophe essayait de s'asseoir dignement sur le lit, enveloppé seulement d'un drap. Il semblait tenir une sérieuse gueule de bois.

– Mais pourquoi tu te fâches ? Tu ne comprends pas que ça, c'est mon travail ? Je vais être Casanova, non ? Donc je dois bien entrer dans mon personnage.

– Imagine, si je te donne un coup de pied bien placé, comme tu entreras mieux dans ton rôle. Tu pourras l'interpréter avec une voix de castrat, qu'est-ce que tu en penses ? Tu serais pas mal dans le rôle d'un eunuque ?

Christophe eut un mouvement de panique et il couvrit instinctivement ses parties.

– Oui, c'est ça, couvre-toi, parce que je suis sur le point de tirer un coup franc direct… salaud.

Elle se saisit d'une bouteille de champagne.

– Qu'est-ce que tu vas faire ?

– Découper en petits morceaux ton bien le plus précieux, non ?

– Tu ne dois pas voir les choses de façon si terre à terre…

Elle eut une soudaine et irrépressible envie de hurler. Et elle hurla.

– AAAAAAAAAAHHHHHHHHHHHHHHHHH !!!!!

Elle laissa tomber la bouteille par terre ; elle ne se cassa pas. Alors Andrea en prit une autre et la jeta contre le mur. Elle éclata en mille morceaux. Christophe, lui, s'était recroquevillé sur lui-même, terrorisé, mais quand même épaté d'avoir vécu avec Queen-Kong. Sans trop y croire, il essaya la méthode « petite fille aux yeux enchantés. »

– Petite fille aux yeux enchantés…

– Petite fille mon cul ! Et remercie Dieu que je ne te crève pas les deux yeux, Casanova de troisième étage.

– Mais tu te souviens, je suis ton Aladin…

– Dis encore un mot et je te renvoie dans ta lampe ! Une fois pour toutes !

Sur ces mots, elle sortit. Une fois dehors elle éclata de rire. Elle avait eu le beau rôle dans une superbe scène de vaudeville ! Même si son mariage avait été une sensationnelle erreur.

Par chance, la Coupe du monde était sur le point de commencer. Elle avait des choses plus sérieuses à penser, la vraie question était : Roberto Baggio allait-il être titularisé pour sa troisième Coupe du monde ?

3 juillet 1998

C'est absurde. On a été éliminé par la France aux penalties. Pauvre Biaggio, il est en morceaux.

Malheureusement, ça arrive, de rater un penalty, c'est arrivé à tous les grands du football et cette fois-ci ça nous a coûté la qualification en demi-finale. Les Français sont en train de faire la fête et ils croient qu'ils vont gagner la

Coupe du monde. Nous, on ramasse les débris et on rentre à la maison. C'est comme ça, le football.

Christophe m'a rappelé en me disant : « Mon âme, j'ai besoin de ta lumière. » Je lui ai raccroché le téléphone au nez. Je demande le divorce, dès que je retourne à Rome. Je me réapproprie ma vie. Fin de Mme Leroy de mes genoux. Je suis Andrea de la Garbatella !

Il paraît qu'après Casanova on veut lui proposer un film qui est intitulé Le Menteur *: je ne sais pas si c'est une blague ou pas mais je l'ai lu dans le journal. Il s'est entraîné dans ce rôle depuis qu'il est né… ça lui réussira divinement bien.*

J'ai appelé Claudia et je lui ai tout raconté. Pour une fois, elle a été d'accord avec moi mais elle m'a aussi dit de lui soutirer le plus d'argent possible. Pour une fois, je suis d'accord avec elle.

C'est drôle pendant mon déménagement j'ai retrouvé le petit bracelet avec un H en cuir, H comme Homme de ma vie. Ça m'a donné une idée.

Madame la Présidente

L'entrée du petit stade était ouverte. Danilo contrôlait les billets. Le facteur le regarda.

– Excusez-moi, je cherche Roberta Margheri.

– Elle est à l'intérieur, mais je ne sais pas où. Le match commence d'ici peu.

– J'ai un télégramme pour elle.

Danilo haussa les épaules.

– C'est bon, entrez. À la limite vous pouvez regarder le match…

– Merci.

Le Villari jouait un match amical contre l'équipe de l'Aurea pour fêter un événement historique : la promotion en série C2. Un événement énorme, après le risque de faillite qu'il avait connu à peine un an et demi auparavant. Mais au lieu de ça, l'année 2000 avait été une année magique.

Le facteur entra : le petit stade avait dû être repeint depuis peu, parce qu'on sentait encore l'odeur de vernis. la tribune était vert vif, la couleur du club. Un petit bar, refait à neuf, était ouvert : un écriteau lumineux indiquait CAFÉ ET AUTRES, à côté, il y avait même un distributeur automatique de boissons. L'atmosphère était joyeuse et les gradins étaient pleins : il n'avait pas été facile d'organiser un match amical un mercredi après-midi à 17 heures, mais ça avait été la meilleure solution, désormais les fins de semaine les Romains les passaient à la mer. Mais cet après-midi-là, tout le quartier s'était organisé pour être présent.

– Excusez-moi, je cherche Roberta Margheri, demanda à nouveau le facteur à un jeune homme aux yeux globuleux : c'était Enrico, le fils de la voisine des Margheri, il était un des deux stadiers du Villari.

– Regardez dans la tribune, là, près de la dame aux cheveux jaunes. C'est elle.

Une grande banderole proclamait : ENSEMBLE POUR GAGNER. Clara, cheveux version platine et bandana du Villari sur la tête, toute vêtue de vert, donnait des directives à deux grands jeunes hommes qui évidemment n'arrivaient pas à l'attacher.

– Plus haut, plus haut !

De l'autre côté sa sœur Roberta l'aidait, sans bandana mais avec une discrète petite écharpe du Villari au cou. Gianfranco souriait et lisait dans le journal les dernières nouvelles de l'Inter. La place à côté était occupée par un énorme bouquet de fleurs au parfum entêtant : la carte était signée Christophe Leroy.

Dans ce qui pompeusement était appelé « tribune de presse », il y avait Federico Patrignani avec Marco Ricci, chargé d'écrire le résumé de la rencontre pour *Fischio finale* : sa femme Anna n'avait pas pu venir, elle devait bientôt accoucher. Patrignani parlait avec animation avec Giulio Maurizi. *Private Star* et *Fischio finale* avaient envoyé leurs photographes au Villari, comme beaucoup d'autres journaux. On n'avait jamais enregistré un intérêt aussi médiatique pour un petit club. Mais ce club était exceptionnel, tout comme cette journée était exceptionnelle.

Pas loin, dans le carré VIP avaient pris place Daniele Poli Aliberti et son père Glauco.

– Intéressante, cette histoire de football, non ?

– On pourrait même devenir un des sponsors de l'équipe. Non ? suggéra le fils.

Claudia, radieuse dans un ensemble en jeans d'Emporio Armani, était assise près de Luigi et de ses parents qui semblaient avoir renoué.

Les derniers supporters étaient sur le point d'arriver. Andrea était au milieu du terrain et elle regardait la petite piste d'athlétisme sur laquelle elle avait parcouru tant de kilomètres dans son adolescence. Près d'elle, Alessio Rosari, « le gros », deux autres dirigeants du club, l'équipe première au complet et celle des juniors. C'était une joyeuse confusion de gens excités, des bruits et des saveurs se mélangeaient dans l'air estival de juillet. C'était vraiment un grand moment pour le Villari. Rosari prit le micro et s'éclaircit la voix.

– Mes amis…

Petit à petit, la foule se tut. Un nouveau-né, évidemment insensible au « moment sacré », choisit cet instant pour se réveiller, ses cris arrachèrent un sourire attendri aux personnes les plus proches, tandis que sa maman s'empressait de lui donner le sein.

– Mes amis, nous sommes ici pour célébrer quelque chose d'important : la promotion en série C2 de notre cher club !

– Eeeeeeehhh !!!!!!!!!!!

Les supporters applaudirent et chantèrent *Il n'y a qu'un seul Rosari*. Il attendit et reprit.

– Un moment historique, oui... je me rappelle quand je suis arrivé ici, il y a de nombreuses années... c'était à peine un petit club de troisième catégorie...

– Eeeeeeehhhhh.

Encore des applaudissements.

– Mais tout ça, aujourd'hui, n'aurait pas été possible sans une personne... une personne qui a su être là quand le Villari a eu besoin d'elle... Une personne que je vais vous demander d'applaudir très, très fort... Une personne exceptionnelle à laquelle je laisse en toute confiance, aujourd'hui, officiellement, la gestion du club qui à partir d'aujourd'hui a donc un nouveau président : je vous demande d'applaudir : Andrea Margheri !

– Eeeeeeeeeeehhhhhhhhhhhhhhh !!!!!!!!!!!!!

– Excusez-moi... Je cherche Mme Margheri...

Il était finalement arrivé près de Clara et Roberta. Clara était un excellent point de repère grâce à sa couleur de cheveux, elle se détachait de loin.

– C'est moi ! dirent à l'unisson les deux sœurs.

– Je cherche Roberta Margheri...

– C'est moi, dit Roberta, perplexe.

Le facteur chercha dans sa grosse sacoche.

– Il y a un télégramme pour vous.

Il le remit à Roberta, puis il décida que oui, tout compte fait, il pouvait aussi regarder un petit bout de match. De toute façon, il avait presque fini son service, et puis avec cette chaleur… Il s'installa sur un gradin, près des fleurs.

Roberta prit le télégramme. Ça devait être encore un de ces messages de félicitations à l'intention d'Andrea qui en ce moment était en train de prendre la parole. Elle préféra écouter sa fille.

– Je suis très émue, merci. C'est un moment important pour nous tous qui aimons le Villari. Je vous le promets : nous irons en B !

Et là les applaudissements et les cris firent trembler le petit stade. En un instant, Andrea revit cette dernière année et demie défiler dans sa tête : la course désespérée pour sauver le Villari, l'argent demandé à Christophe pour divorcer, la décision d'acquérir le Villari comme actionnaire majoritaire. Le club avait été estimé 800 millions de lires, locaux, joueurs et terrain compris : elle pouvait compter sur presque 500 millions de Christophe, en échange de la promesse écrite de ne raconter aucun détail de leur vie commune. La partie de l'argent qui manquait avait été apportée par deux amis de Rosari, qui étaient devenus les associés d'Andrea. Elle avait travaillé dans l'ombre avant de rendre la nouvelle officielle : entre-temps elle s'était dévouée à fond à son travail et elle avait finalement réussi ses examens et elle avait sa carte professionnelle de journaliste. Elle avait réussi. Aujourd'hui, on célébrait sa victoire et sa nomination comme présidente du Villari.

– Mais si nous sommes arrivés jusqu'ici, c'est grâce au travail qu'Alessio Rosari a fait jusqu'à maintenant. On ne peut pas imaginer le Villari sans Rosari. C'est pour cela, qu'avec une grande joie et beaucoup d'orgueil, je lui offre la présidence d'honneur du club !

Andrea fit un énorme sourire à Rosari qui, étonné par la nouvelle, paraissait sur le point de s'émouvoir. Il prit rapidement le micro à nouveau.

– Elle a toujours été une jeune fille têtue, avec des idées bien précises, hein… Avec ce petit caractère, comment puis-je lui dire non ? demanda-t-il au public qui hurlait sa joie.

Roberta était restée avec le télégramme dans les mains. Elle sembla s'en souvenir à ce moment-là.

– Avant de laisser place au match, je tiens seulement à dire deux choses. J'aime le Villari, et ça n'est pas une nouvelle. C'est l'équipe de mon cœur, de mon quartier, le club avec lequel j'ai pratiquement grandi.

Luigi eut la vision d'une jeune fille déterminée qui tombait dans la boue puis se relevait, orgueilleuse.

Claudia applaudissait sans s'arrêter et elle souriait, surtout en direction des photographes.

– Je ferai tout mon possible pour être à la hauteur de la tâche qui m'attend… et pour bien commencer mon travail, je dois pouvoir compter sur une équipe qui sera sur le terrain toujours plus forte…

– Eeeeeeeh.

Roberta regarda encore le télégramme. Elle espérait seulement que ça n'était pas quelque ennui, ça tombait mal un jour comme celui-là.

– Je suis vraiment heureuse et fière de vous présenter aujourd'hui la première acquisition du Villari de demain.

– Voici… Henrique dos Reis Moreira !

Les cris de joie du public mirent à rude épreuve les tympans des personnes présentes. On murmurait depuis des jours que la nouvelle présidente du Villari avait un as dans sa manche et on avait donné beaucoup de noms. Mais il n'y avait pas de certitudes et quand le nom d'Henrique fut prononcé et qu'ils virent le joueur charismatique les saluer, les *tifosi* se levèrent tous comme un seul homme. Henrique avait aujourd'hui trente-cinq ans et avait décidé de prendre sa retraite de footballeur au Villari ! Sa renommée et son talent universellement reconnus allaient jeter un énorme coup de projecteur sur le club, son expérience et son génie en tant que joueur allaient faire le reste.

– Eeeeeeeeeeeeeeeeeeeh.

Gianfranco se leva en extase, il avait toujours été un admirateur du Brésilien et il l'aurait voulu à l'Inter. Clara, vu que son klaxon ne fonctionnait plus, criait à n'en plus pouvoir : « Andrea, Andrea ».

Roberta décida d'ouvrir le télégramme tandis qu'Henrique en T-shirt et en short verts, entrait sur le terrain escorté de Danilo et Enrico. Les supporters commencèrent à crier encore plus fort : « Henrique,

Henrique ». Il remercia en saluant de la main tandis qu'il s'approchait d'Andrea qui lui souriait.

– Deux mots de notre champion, peut-être ?..

Elle chercha ses yeux tandis qu'il prenait le micro.

– *Muito obrigato*… de jouer pour le Villari et pour un président qui n'a ni barbe, ni moustaches…

Tout le monde rit de sa plaisanterie et des applaudissements éclatèrent de nouveau. Andrea regarda Henrique : ses yeux l'avaient toujours frappée, des yeux aussi noirs que le charbon, qui semblaient fouiller l'âme. Elle ressentit un frisson et elle s'aperçut que lui aussi, alors qu'il parlait au public, la regardait en lui souriant comme s'il savait déjà tout. Henrique était beau comme le football, il était le football.

Roberta ouvrit le télégramme. Andrea avait repris le micro.

– Je remercie Henrique… et maintenant, avant de laisser la place à nos joueurs, permettez-moi me souvenir d'une personne qui compte pour moi. Ce stade, notre stade, portera le nom de… Mirco Sebastiani.

Roberta pâlit en lisant les quelques mots du télégramme.

– Mon père, ajouta-t-elle, très émue, sous le regard soudain grave d'Henrique.

– Et maintenant… avant que vous vous fatiguiez déjà du nouveau président… place au match ! annonça Andrea, en retrouvant le sourire.

« Navrée d'annoncer la mort de Mirco Sebastiani. Je vous en prie contactez-moi… » Un numéro de téléphone suivait.

Roberta laissa échapper le télégramme de ses mains et il tomba par terre. Clara le ramassa, le lut et soudain ses yeux se voilèrent.

– C'est un grand honneur pour moi d'annoncer que le coup de pied de début de match sera donné par le président… Margheri ! était en train de dire Rosari.

Andrea se retrouva seule au centre du terrain avec le ballon devant elle. Soudain, elle réalisa qu'elle avait des talons hauts mais, surtout, que de toute sa vie elle n'avait jamais touché un ballon. Elle ne l'avait pas même effleuré, elle ne lui avait jamais donné un coup de pied.

C'était drôle, non ? Elle qui avait fait du ballon le centre de sa vie. Que lui avait dit Daniele, un jour ? Calcio… oui. Calcio, mon amour.

L'arbitre siffla.

Andrea regarda Henrique.

Elle regarda le ballon.

Et elle shoota.

Cet ouvrage a été imprimé par

FIRMIN DIDOT

GROUPE CPI

Mesnil-sur-l'Estrée

pour le compte des Éditions Florent Massot
en mai 2008

Imprimé en France

Dépôt légal : mai 2008
N° d'impression : 90253